BAO VUONG

Entre l'ombre et la lumière, il y a l'infini.

BAO VUONG
Derrière les vagues

SOUS LA DIRECTION D'ADRIEN BOSSARD

SilvanaEditoriale

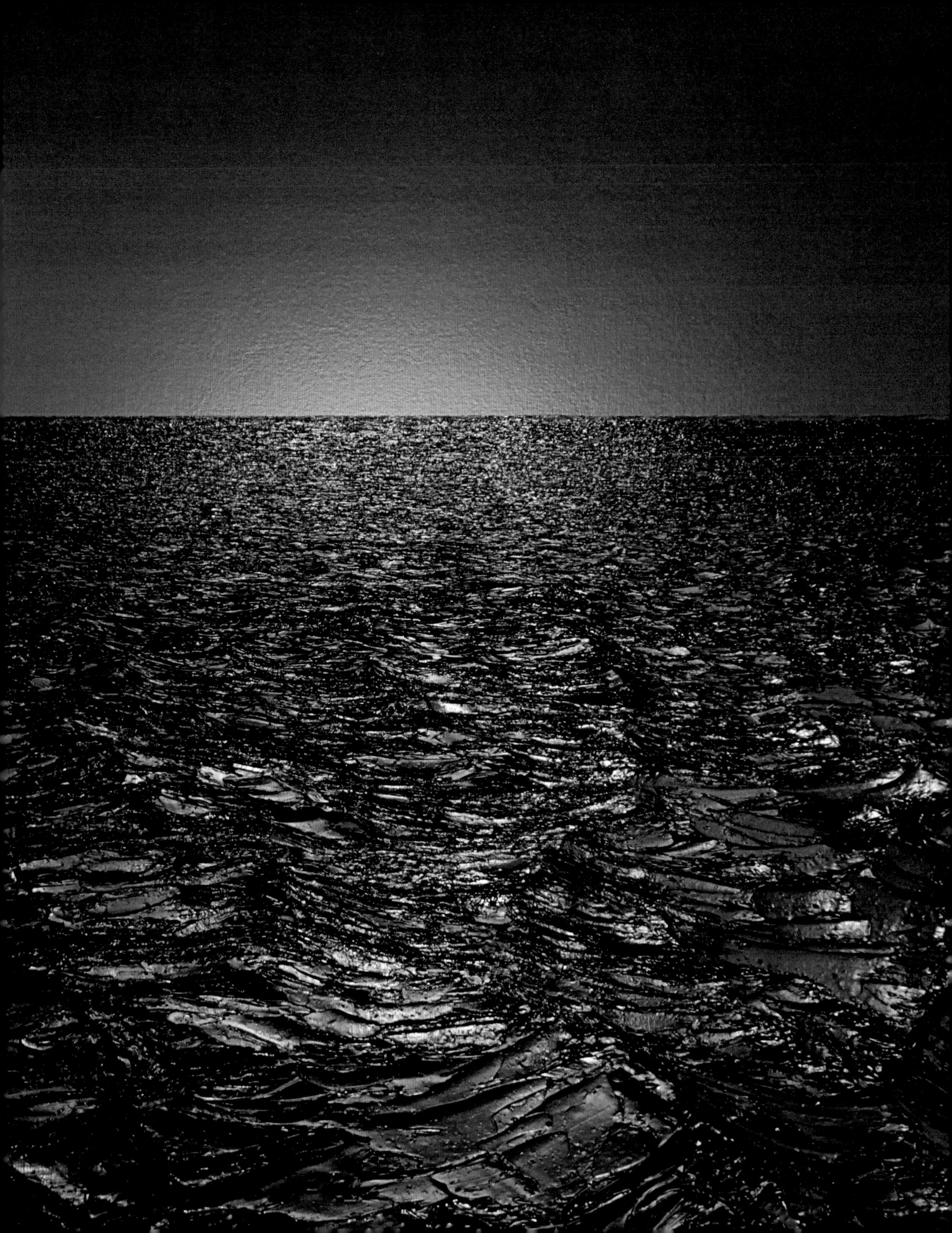

Préfaces

Depuis son ouverture en 1998, le musée départemental des arts asiatiques est un lieu d'expression ouvert aux artistes contemporains. Dans cette institution à la croisée de l'Orient et de l'Occident, leurs œuvres dialoguent avec les collections anciennes, questionnant les concepts et les formes. Invité à mettre en regard ses extraordinaires peintures avec les statues bouddhiques du musée, Bao Vuong nous offre une magnifique exposition mêlant histoire personnelle, pratique artistique et spiritualité asiatique.

CHARLES ANGE GINÉSY
Président du Département des Alpes-Maritimes

Bao Vuong est à n'en pas douter l'un des peintres les plus doués de sa génération. Son œuvre en devenir a atteint aujourd'hui une maturité et une expressivité rares. Derrière les vagues se cache le talent d'un artiste entièrement investi dans une quête personnelle et plastique, entre le Việt Nam de ses origines et la France qui l'a accueilli. Ce qu'il crée est de l'émotion pure et on ne saurait rester indifférent à cette mer à la fois sombre et lumineuse qu'il représente sur ses tableaux. Avec cette exposition, Bao et le musée ont désormais une belle histoire commune et nous nous en réjouissons.

ÉRIC CIOTTI
Député
Président de la commission des finances du Département des Alpes-Maritimes

Les créations de Bao Vuong mêlent abstraction et figuratif, abordant des thèmes tels que la nature, l'identité et l'harmonie entre l'homme et son environnement. Ses tableaux invitent le spectateur à une expérience immersive dans laquelle chaque coup de pinceau semble raconter sa propre histoire. Reconnu pour son sens du détail et sa capacité à capturer des atmosphères singulières, Bao s'impose comme un artiste hors normes et visionnaire. Cette exposition au musée départemental des arts asiatiques est l'occasion unique de découvrir son histoire et son univers artistique.

AUGUSTE VEROLA
Vice-président du Département des Alpes-Maritimes, délégué à l'enfance et la culture

Bao Vuong
The Crossing LVX
2022
Peinture à l'huile et acrylique sur toile
160 × 120 cm

Remerciements
La commissaire souhaite adresser ses remerciements à tous ceux qui ont participé à cette exposition et à toutes les équipes qui se sont engagées à leurs côtés avec enthousiasme et bienveillance.

L'artiste, Bao Vuong, pour son implication sans faille.

Les prêteurs pour leur générosité, les contributeurs à la réalisation de ce catalogue, les équipes du Département des Alpes-Maritimes.

Commissariat de l'exposition
SIMONE DIBO-COHEN

Liste des auteurs

ALEXANDRE CROCHET
journaliste et historien de l'art

SIMONE DIBO-COHEN
présidente de l'Union Méditerranéenne pour l'Art Moderne

MATHIEU DUFOURG
comédien, performeur et poète

ANNE MAQUET
psychopraticienne

KIM CHI PHO
auteure indépendante

LOUIS RAYMOND
journaliste spécialiste de l'Asie du Sud-Est

MARIE TERRIEUX
directrice du FRAC Normandie

Sommaire

Introduction

Au cœur de chaque toile de Bao Vuong, l'obscurité de la mer se déploie

SIMONE DIBO-COHEN

Dans *The Crossing*, Bao Vuong donne une forme artistique poignante à l'expérience collective et individuelle de l'exil, en rendant hommage à ceux qui, comme lui, ont affronté l'immensité de la mer dans leur quête d'un avenir meilleur. Chaque tableau de cette série est une immersion dans la mémoire, une exploration des vagues intérieures qui hantent les âmes marquées par le déracinement.

Une mer qui raconte une histoire

Né au Việt Nam, Bao Vuong, comme des centaines de milliers d'autres vietnamiens, a fui son pays natal divisé et ravagé par la guerre, en tant que « boat people », une expression qui résume à elle seule les dangers, la peur et l'espoir qui accompagnaient ces voyages à bord d'embarcations de fortune. Partant des rives du Mékong, la mer noire, dépourvue de repères lumineux, est devenue à la fois un obstacle et un espoir, un horizon sombre à franchir pour accéder à une liberté incertaine. Le premier mot que Bao a prononcé, à l'âge d'un an et demi, a été « nước ». Ce qui veut dire « eau » mais également « pays » en vietnamien. Ce mot d'espoir est aujourd'hui celui d'un artiste écologiste qui, de façon poétique et sensible, nous invite à repenser notre environnement. Dans cette nuit éternelle, les vagues et les étoiles étaient les seuls guides, une expérience que Bao Vuong traduit avec une intensité bouleversante dans ses toiles.
Installé en France depuis son enfance, l'artiste a canalisé ces souvenirs traumatiques et ces émotions complexes dans son art. Après vingt-cinq années d'exil, Bao se souvient des embarcations voguant sans repères, mais n'a pas souvenance du temps passé en mer ou dans les camps insalubres. Ses peintures à l'huile, dominées par des teintes sombres, évoquent les abysses de l'océan tout en laissant émerger des éclats de lumière qui symbolisent l'espoir. Chaque coup de pinceau semble être une tentative de résoudre l'énigme de la mémoire : comment rendre visible l'invisible, comment peindre l'essence de la mer et des émotions qu'elle suscite ?

Une esthétique entre majesté et terreur

Dans *The Crossing*, la mer n'est pas simplement un décor ou un sujet : elle est un personnage à part entière, une force vivante. Bao Vuong maîtrise l'art de capturer les nuances infinies de l'eau et de la lumière, transformant chaque tableau en une expérience sensorielle. Les vagues semblent palpiter, tantôt calmes et méditatives, tantôt furieuses et menaçantes. La texture épaisse de la peinture, obtenue grâce à une technique minutieuse, donne l'impression que la surface de la toile est en mouvement.
Dans cette esthétique de l'immensité, l'obscurité joue un rôle central. La « mer noire » de Bao Vuong évoque la peur de l'inconnu, mais aussi la profondeur des émotions humaines. Les reflets lumineux, qu'ils soient diffus ou éclatants, rappellent que même dans les moments les plus sombres, une lueur d'espoir subsiste. Ce jeu constant entre ombre et lumière reflète les dualités au cœur de l'expérience humaine : la fragilité et la résilience, la peur et le courage, le désespoir et l'espérance.
Pour anéantir le souvenir des blessures de son passé, la série prend vie dans son pays natal.

Une expérience immersive et introspective

L'exposition de la série *The Crossing* au musée départemental des arts asiatiques offre une occasion unique de contextualiser le travail de Bao Vuong dans une perspective culturelle et spirituelle plus large. La mer, dans les cultures asiatiques, est souvent perçue comme un élément à la fois nourricier et destructeur, un symbole de la vie et de l'impermanence. Ces thèmes résonnent profondément dans les toiles de Bao Vuong.
Face à elles, le spectateur est plongé dans une expérience immersive où les sens et les émotions sont stimulés. La mer, omniprésente, devient un miroir dans lequel chacun peut voir ses propres peurs et espoirs. Cette introspection est au cœur de l'œuvre de Bao Vuong. L'artiste ne se contente pas de peindre des paysages marins ; il crée des paysages de l'âme, où les vagues symbolisent les luttes intérieures et les étoiles les aspirations qui nous guident.
L'immersion est accentuée par le format monumental des toiles qui enveloppe le regard du spectateur. Les détails

subtils, comme les variations de texture ou les jeux de lumière, incitent à une observation prolongée, révélant des couches de signification qui échappent à une première lecture. Cette approche contemplative s'inscrit dans une tradition asiatique où l'art est conçu comme un moyen d'accéder à une compréhension plus profonde de soi et du monde.

Frontières, mémoire et modernité

Si la série *The Crossing* trouve ses racines dans l'histoire personnelle de Bao Vuong, elle s'adresse à un public universel. Les questions qu'elle soulève – le déracinement, la survie, l'espoir – transcendent les frontières culturelles et géographiques. En cela, le travail de cet artiste est un puissant plaidoyer pour l'empathie et la compréhension mutuelle. Ses tableaux invitent à se souvenir de ceux qui ont traversé des épreuves similaires, qu'il s'agisse des boat people vietnamiens ou d'autres populations en quête de refuge à travers le monde.

L'œuvre de Bao Vuong témoigne également de la tension entre mémoire et modernité. Dans ses compositions, on retrouve une résonance des peintures traditionnelles asiatiques, avec leur souci du détail et leur capacité à capturer l'essence d'un moment. Pourtant, son style reste résolument contemporain, ancré dans les préoccupations du monde d'aujourd'hui.

On le compare souvent à Pierre Soulages. Cependant, si les outrenoirs sont libérés de toute figuration, les reflets de lumière dans les œuvres de Bao évoquent l'instinct de survie des naufragés.

Le musée départemental des arts asiatiques, dont la vocation est de faire dialoguer passé et présent, devient le cadre idéal pour accueillir *The Crossing*. Les visiteurs peuvent ainsi non seulement contempler les œuvres, mais aussi réfléchir aux questions fondamentales que soulève le travail de Bao Vuong : comment transmettre une mémoire collective dans un monde en constante mutation ? Comment faire dialoguer les cultures à travers l'art ?

The Crossing permet à tout individu de s'approprier une expérience de contemplation et de la « lumière du noir », nous laissant face à notre propre histoire, face à nous-mêmes.

Remerciements

La notoriété de Bao Vuong ne cesse de grandir, portée par l'intérêt de grandes galeries et de collectionneurs internationaux. Une exposition marquante à Saint-Raphaël, dans le cadre d'une biennale sur le thème des exodes, a mis en lumière son talent unique, malgré la présence d'œuvres de plus de quatre-vingts artistes. Ses toiles, à la fois esthétiques et introspectives, poignantes et évocatrices, n'ont laissé personne indifférent. Cette nouvelle exposition à Nice s'inscrit dans la continuité de son exploration du thème maritime, mais aussi des profondeurs de l'âme humaine.

L'événement n'aurait pas été possible sans l'engagement de nombreux acteurs. Je tiens à exprimer ma gratitude à Bao Vuong pour sa générosité et sa vision, ainsi qu'à l'équipe du musée pour son dévouement. L'exposition, je l'espère, résonnera longtemps dans les cœurs et les esprits de ceux qui la visiteront.

À travers *The Crossing*, Bao Vuong ne se contente pas de représenter la mer : il nous invite à voyager dans ses profondeurs, à affronter nos propres vagues intérieures et à trouver, peut-être, une lumière dans l'obscurité.

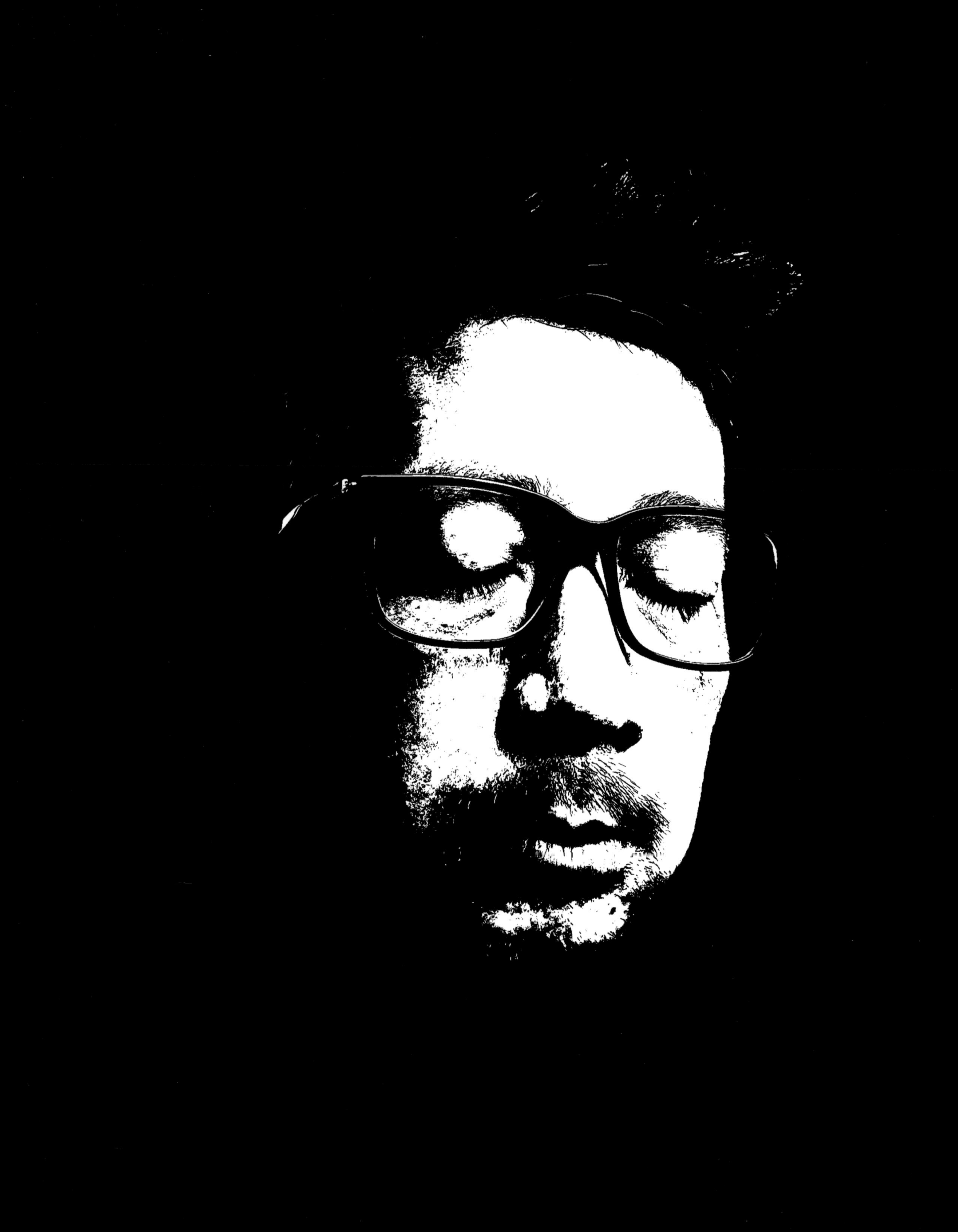

Bao Vuong
Biographie

Bao Vuong est né en 1978 au Việt Nam, après la fin de la guerre. En 1979, alors qu'il est encore nourrisson, sa famille fuit le pays en bateau, comme des milliers d'autres boat people. Cette traversée en mer, marquée par l'errance et l'incertitude, laisse une empreinte indélébile sur son histoire familiale.

Formation et premiers pas artistiques

Arrivé en France avec sa famille, Bao Vuong grandit dans le sud du pays. Il suit un parcours académique aux beaux-arts de Toulon, où il commence à interroger la mémoire et l'identité à travers l'art. Il poursuit sa formation à l'École des beaux-arts d'Avignon, où il approfondit ses recherches sur la matérialité et l'impact émotionnel des textures et des couleurs.
Après ses études, il travaille d'abord en tant qu'éducateur spécialisé, se consacrant à l'accompagnement de jeunes en difficulté. Cette expérience influence profondément sa vision du monde et nourrit sa réflexion sur la résilience, la transmission et la mémoire des traumatismes.

Retour au Việt Nam et immersion dans la création

En 2012, Bao Vuong décide de retourner au Việt Nam, son pays d'origine, pour renouer avec son héritage et se consacrer pleinement à son art. Cette immersion dans la culture vietnamienne l'amène à explorer les notions de perte, d'exil et de transmission à travers des médiums variés. Il expose ses premières œuvres dans des espaces alternatifs et des galeries à Hồ Chí Minh-Ville, notamment A.Farm x Villa Saigon, où il se fait remarquer pour ses installations mémorielles et puissantes.
Durant cette période, il commence à développer sa série emblématique *The Crossing*, qui s'inspire directement des récits des boat people et de son propre passé familial. Il expérimente le travail de la matière en sculptant la peinture au couteau, évoquant ainsi l'agitation de la mer et la mémoire des traversées nocturnes. Les premiers tableaux de cette série sont montrés à la Galerie Quynh et à l'espace d'art Manzi en 2017-2018.

Retour en France et reconnaissance internationale

En 2019, Bao Vuong s'installe à Paris, où sa carrière connaît un essor rapide. Sa première exposition personnelle en France, *The Crossing* à A2Z Art Gallery en 2020, rencontre un vif succès critique. Cette série, composée de toiles d'un noir profond, incisées et scarifiées pour révéler la lumière sous-jacente, marque un tournant dans son travail et affirme son identité artistique.
Depuis, il enchaîne les expositions personnelles et collectives en France et à l'international, notamment à Venise, Singapour, Shanghai, New York, Genève et Bruxelles. Son travail est exposé dans des institutions prestigieuses comme la Fondation Wilmotte à Venise, la Fondation Boghossian – Villa Empain à Bruxelles et le musée départemental des arts asiatiques à Nice. Il participe également à de nombreuses foires d'art internationales, dont Art Paris, Asia Now, Art Genève, ART SG, Art Basel Hong Kong et ART021 Shanghai.

Un travail entre mémoire et lumière

À travers ses œuvres, Bao Vuong interroge l'invisible, la mémoire traumatique et la résilience. Sa peinture est un dialogue entre l'ombre et la lumière, un espace où le souvenir affleure lentement à la surface de la toile. L'usage du noir, souvent associé à la perte et à l'oubli, devient chez lui un lieu de révélation, où la lumière émerge comme un espoir fragile mais tenace.
Son travail évolue aujourd'hui vers une exploration plus poussée des matériaux : goudron, feuilles d'or, bocaux, papiers votifs, encens, vêtements… autant d'éléments qui ancrent ses œuvres dans une dimension rituelle et spirituelle. Chaque exposition est pensée comme une traversée, un passage entre le visible et l'invisible, entre le silence et la réminiscence.
Bao Vuong poursuit son chemin, entre la France, la Belgique et l'Asie, toujours habité par la mer et ses récits sans fin.

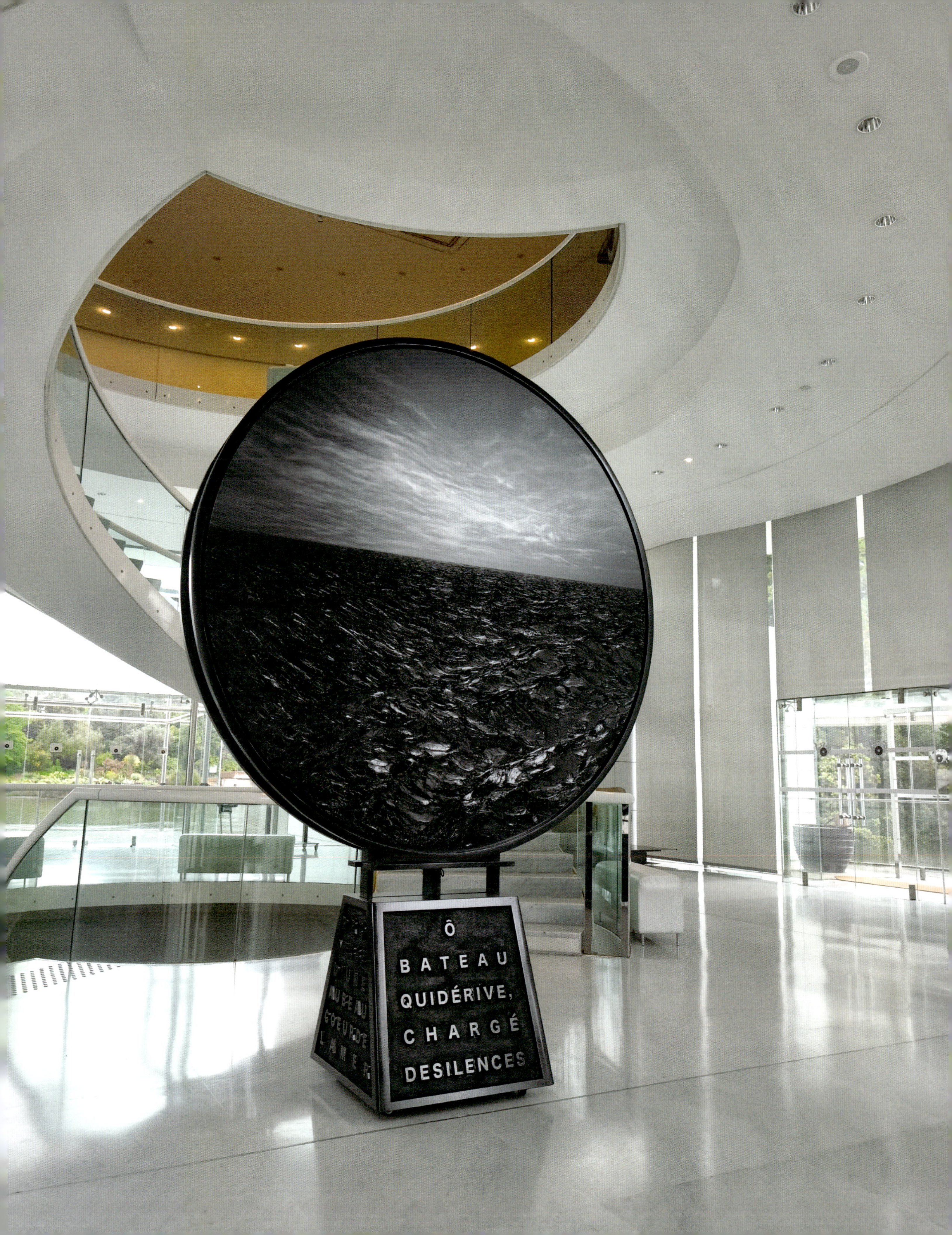
Ô
BATEAU
QUIDÉRIVE,
CHARGÉ
DESILENCES

Derrière les vagues

BAO VUONG

Je me tiens devant mon chevalet comme je me tiens face à la mer. Cette mer que je peins la nuit, presque tous les jours depuis cinq ans.

Chaque tableau que je peins en est un fragment, une bribe arrachée à l'infini mouvement de la mer, du ciel, des nuages. Chaque vague que je trace est une empreinte, une mémoire liquide que le vent déplace, que le regard saisit un instant avant qu'elle disparaisse. La mer est un mouvement perpétuel, tout comme la mémoire. Elle dépose sur le rivage des souvenirs érodés par le temps, puis les reprend, les disperse, les recrée ailleurs.

J'ai grandi avec son murmure et sa menace.

Au Việt Nam, elle était un horizon libérateur, une promesse d'ailleurs. Pour celui qui part, la mer est un franchissement incertain. Devant son immensité, l'exilé suspend son souffle, en équilibre entre un passé à abandonner et un futur inconnu. Devant l'immensité de la mer, aussi grande que son projet, chaque vague est une question où tout peut encore basculer, entre l'espoir d'un renouveau, le danger de rester et l'abîme de l'incertitude. Seul persiste le désir irrépressible de partir.

Plus tard, sur le bateau, elle est devenue un passage, une frontière mouvante entre le connu et l'inconnu. Elle nous portait, nous ballottait, nous testait. Chaque nuit, elle avalait les murmures et les prières, et chaque matin, elle s'étendait devant nous, immensurable, effaçant nos repères. Elle oscillait entre chemin et obstacle, espoir et périls.

Plus tard encore, durant mon enfance, dans le Sud de la France, elle était un écho, une présence fantôme, entremêlée aux récits murmurés, aux silences d'une histoire trop lourde pour être racontée d'un seul souffle.

Pourtant la mer, immense, indifférente, est la mémoire de toutes les traversées. Elle m'habite comme une cicatrice invisible, une empreinte d'odeur de goudron, de moteur de bateau, d'essence brûlée, de sel.

Elle porte les histoires de ceux qui ont fui, des disparus, de ceux qui, comme moi, continuent de chercher à comprendre ce que signifie « traverser ».

Une immersion dans l'ombre

Longtemps, j'ai peint la nuit. Une mer sculptée au couteau, à la peinture à l'huile noire, matière épaisse et dense, presque impalpable, semble d'abord informe. Chaque coup de couteau fend la matière telle une incision qui trouble la surface, un geste instinctif qui sculpte le chaos liquide, traçant des sillons, des entailles, des blessures dans l'obscurité, un sillage ouvert dans la mer. Je commence par former de petites vagues, comme si j'écrivais le même mot de gauche à droite, encore et encore, des milliers de fois, en amplifiant l'intensité, comme une litanie que j'exulte peu à peu, puis que je crie. Lentement, elles s'élèvent, s'accumulent, jusqu'à ce que la mer surgisse belle et vibrante, en expansion.

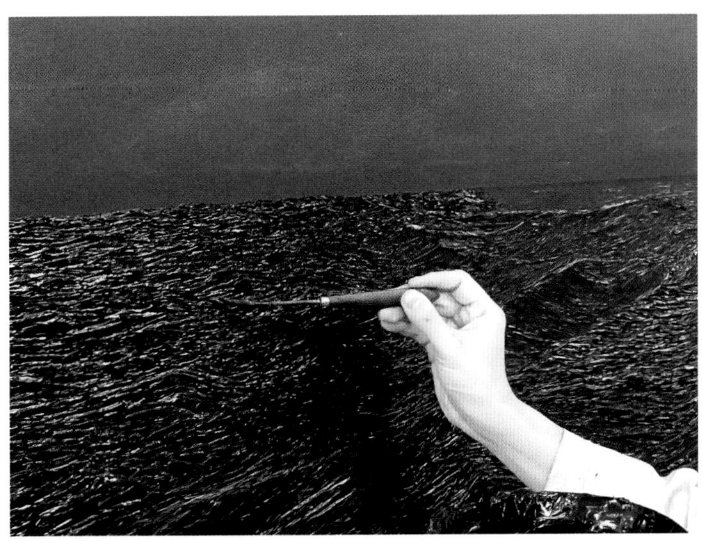

Bao Vuong
Derrière les vagues
2025
Installation, peinture à l'huile et acrylique, cire et poudre d'aluminium sur toile, bois
260 × 200 × 100 cm

De loin, la peinture semble lisse, huileuse. Mais en s'approchant, en laissant le regard s'attarder, elle révèle une texture plus rugueuse, une vibration particulière. Après un certain temps, l'huile noire a cette propriété de se contracter en séchant, créant des veines, des craquelures semblables à celles que l'on voit sur du charbon. Cette matière vivante absorbe et restitue la clarté différemment selon l'angle, invitant le spectateur à plonger dans ses reliefs, à en sonder les profondeurs cachées.

Le langage du noir

Le noir de la série *The Crossing* était d'abord celui de la nuit du départ, cette obscurité silencieuse où l'attente se charge d'angoisse. Dans l'ombre, chaque mouvement devient incertain, chaque lueur une révélation dangereuse. L'obscurité protège autant qu'elle dissimule, offrant aux fugitifs un fragile refuge avant l'inconnu. Cette obscurité était précieuse pour se cacher du gouvernement vietnamien qui ne voulait pas que les « enfants » de la patrie fuient. Ce manteau noir était aussi vital pour se cacher des pirates des pays voisins qui guettaient les fuyards, avides de leurs économies.

Le noir comme le vide de la mer, comme l'abîme de l'être qui quitte sa famille, sa patrie, son histoire, sa culture pour un destin incertain. Le noir comme la promiscuité insoutenable sur le bateau. Le noir comme ces camps de réfugiés noirs de monde. Le noir comme la proximité de la mort ; le manque d'eau, de vivres, d'hygiène ; les silhouettes affaiblies dans les camps.

Le noir comme les cheveux de ma mère que je ne quittais pas, accroché à son sein comme un naufragé à sa bouée de sauvetage.

Noir comme l'exil, celui d'un corps et d'un esprit projetés dans une terre étrangère où chaque mot est une énigme, chaque son un mur invisible. Noir comme les regards qui glissent sans voir, comme l'ombre d'une voix qui cherche à se frayer un chemin dans une langue inconnue.

Bao dans son atelier de Vitry sur Seine
2023
Préparation de l'exposition solo *Coming Through*

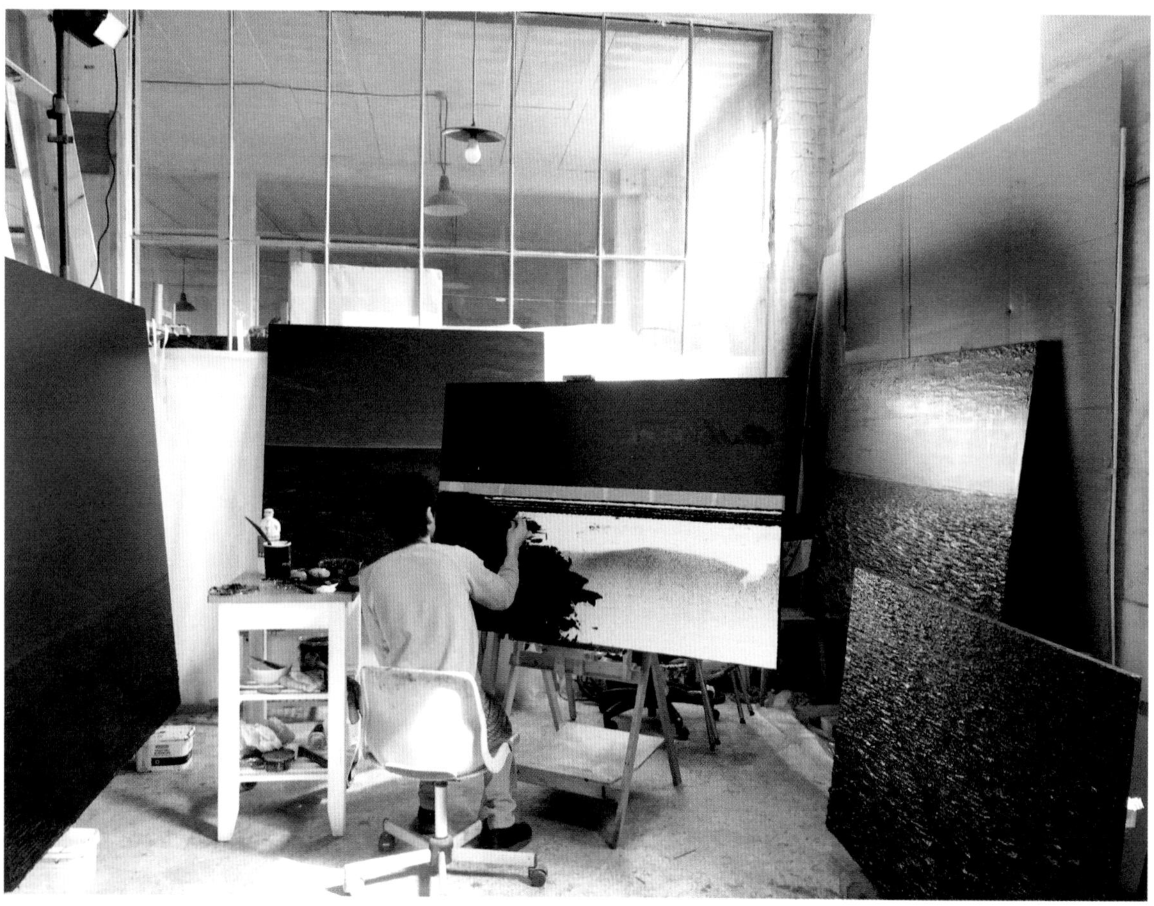

Noir comme la solitude, où l'on réapprend à nommer le monde, où l'on tâtonne dans l'obscurité d'une identité à reconstruire.

Mais « toute nuit porte en elle la promesse d'un jour », se répétaient ces fuyards, une prière jetée au vent, un espoir suspendu entre ciel et mer. Car même au cœur des nuits, la lumière persiste, discrète, insaisissable, mais toujours présente. Elle dévoile l'invisible. Tel un phare lointain, elle veille sur le naufragé, lui soufflant la force de poursuivre, d'exhumer un dernier éclat de courage, de se reconnecter à sa lumière intérieure. Ce n'est pas une fuite, mais un retour vers soi.

Devant mon chevalet – Vers le ciel
Je peins le noir, mais je cherche la lumière. À chaque coup de couteau sur la toile, je repousse la matière comme une vague chassée par une autre. Je la creuse, je l'érode, je l'ouvre pour y laisser filtrer un éclat. Le noir dans mes toiles est une matière vivante, une peau qui absorbe la lumière et la restitue différemment selon l'angle du regard. Il est une réminiscence, un abîme où l'œil se perd avant d'y percevoir un scintillement. Les reliefs sculptés au couteau dans mes œuvres sont pensés comme des ondes, des vibrations, des résonnances d'histoires.

Au-dessus de la ligne d'horizon, à chaque coup de pinceau de poudre de graphite ou d'aluminium, à chaque coup de gomme, les nuages naissent du vide, se condensent en formes fugitives avant de s'effacer sous mes gestes. L'air et la lumière reprennent leur place, libres, éphémères. Comme le vent, ma main suit un mouvement imprévisible, laissant les formes apparaître et disparaître. Autant en représentant la mer, j'accumule, je marque la matière d'une mémoire, autant, au moment de représenter le ciel, j'enlève, je dissipe, j'allège, je laisse passer.

Sur certains de mes tableaux les nuages naissent de la cendre des tiges d'encens. Légers et insaisissables, ces médiums « flottent » sur la toile, fragiles comme des souvenirs suspendus entre ciel et mer. Ils sont les empreintes d'une prière, une offrande aux absents, aux âmes dont la traversée n'a pas été horizontale mais verticale. Pour moi chaque nuage est un bateau d'âmes qui quitte la mer en s'évaporant vers d'autres cieux.

Sur d'autres tableaux le ciel est même laissé sans nuage. Le vide s'invite et prend toute sa place laissant le ciel monochrome presque abstrait. Tout reste à écrire, comme sur une page blanche.

La rencontre avec le musée – Une architecture qui dialogue avec l'œuvre
À Nice, dans ce musée posé sur l'eau, les vagues retrouvent leur écho. Dans cette architecture circulaire, chaque salle devient une étape du voyage. Le visiteur entre dans un espace où le temps se dilate, où l'eau et la lumière se font écho. L'ouvrage semble lui-même en suspension, en équilibre entre terre et ciel, comme une embarcation prête à prendre le large. Kenzō Tange a créé un espace fluide, où le marbre blanc dialogue avec la transparence du verre et les reflets mouvants de l'eau environnante. Dans ce lieu, l'immobilité n'existe pas : la lumière glisse sur les surfaces, change d'intensité selon

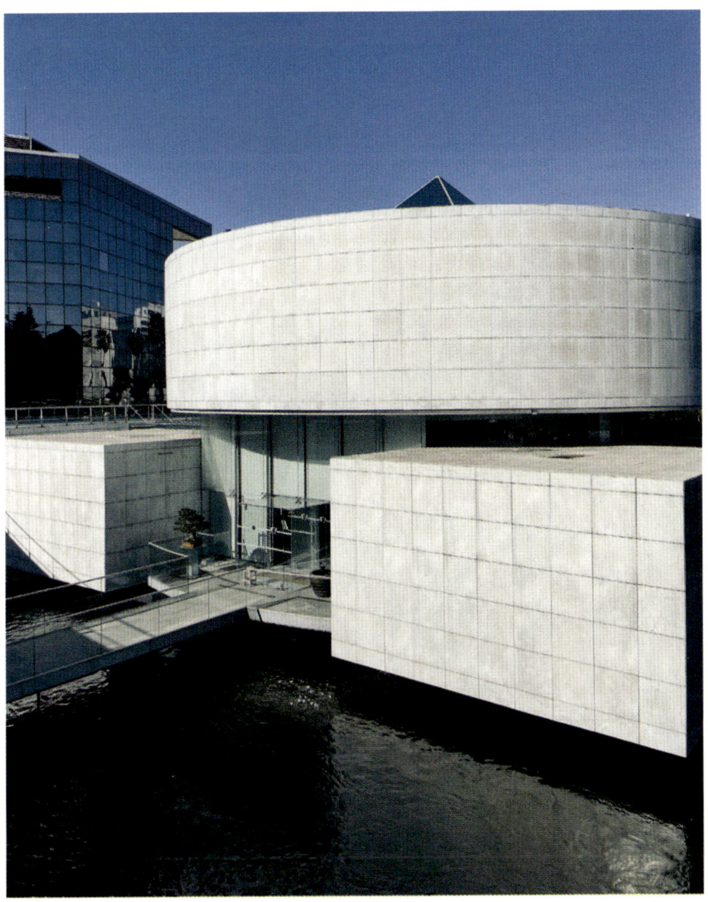

Kenzō Tange, musée départemental des arts asiatiques, inauguré en 1998

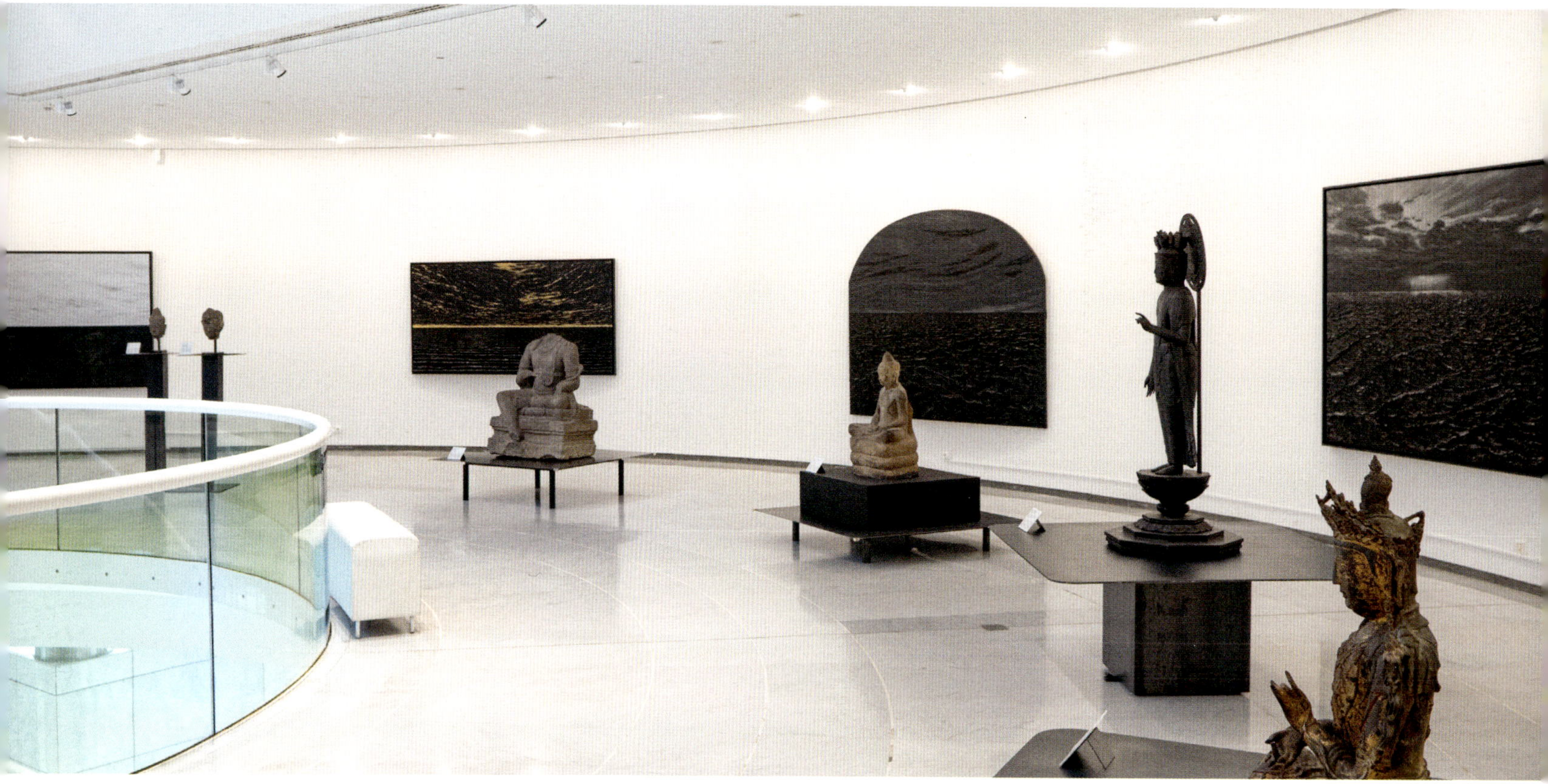

Derrière les vagues
Rotonde du musée départemental des arts asiatiques, Nice
2025

l'heure du jour, tandis que l'eau renvoie une image toujours altérée du réel. Mes toiles trouvent ici un écho naturel. Comme l'architecture de Tange, elles oscillent entre matérialité et effacement, entre présence et disparition. L'eau et la lumière façonnent l'espace autant qu'elles sculptent la peinture, prolongeant ce dialogue architectural entre ombre et éclat, silence et révélation.

J'ai voulu que l'exposition soit un grand voyage, une immersion progressive.

Au rez-de-chaussée, les visiteurs sont accueillis par cette œuvre qui donne son nom à l'exposition *Derrière les vagues*. Une immense peinture recto-verso se dresse comme une stèle, un seuil à franchir. D'un côté, la nuit profonde ; de l'autre, l'aube naissante. Ce basculement est au cœur de mon travail : un perpétuel passage entre ombre et clarté, silence et parole, obscurité et révélation. La forme ronde de l'œuvre rappelle celle de l'architecture du musée et annonce la rotonde où est installée la suite de l'exposition.

En montant, lentement, la lumière change. Des reflets argentés apparaissent, comme des promesses lointaines. Les formats varient, les matières se multiplient. L'or, la cendre, le graphite, l'argenté viennent troubler la noirceur de la salle. L'obscurité cède peu à peu. Les matières elles-mêmes portent cette idée de résurgence. La tôle rouillée évoque les embarcations de fortune et les bidonvilles des camps de réfugiés. Les feuilles de prière brûlées murmurent des souvenirs dans la cendre. Les papiers votifs dorés scintillent comme des fragments de lumière, des offrandes aux absents. Chaque toile est un appel.

Mais au-delà de la matière, c'est la lumière de la salle qui surgit et transforme. L'eau et la lumière présentes par reflets ne sont jamais figées, elles oscillent, se recomposent sans cesse, dans un dialogue insaisissable. L'eau reflète la lumière mais l'absorbe aussi, créant des variations infinies, des éclats mouvants qui viennent troubler les visiteurs.
Peindre la lumière sur l'eau, c'est chercher à capturer ce qui ne peut l'être. C'est accepter l'impermanence, laisser l'illusion du contrôle se dissoudre pour ne garder que l'instant. La lumière n'existe que parce qu'elle se pose

sur l'ombre, qu'elle en épouse la forme avant de la révéler. Dans l'exposition *Derrière les vagues*, cette dynamique devient une respiration, une oscillation entre disparition et dévoilement. Ce que la mer efface, elle le restitue autrement. Ce que la lumière dévoile, elle le laisse s'effacer à nouveau dans le mouvement perpétuel du temps. Ainsi, dans cette pièce chaque tableau devient un seuil, non pas un arrêt mais une étape dans ce cycle éternel de ce qui fut et ce de qui demeure.

La présence des statues de Bouddha du parcours permanent, silencieuses et immuables, insuffle à l'exposition une atmosphère méditative, une suspension du temps dans le tumulte du monde. Ces figures intemporelles veillent sur mes œuvres comme des gardiennes de la mémoire, amplifiant leur résonance spirituelle et invitant à une contemplation profonde. L'encens, les objets votifs et les statues tissent un dialogue entre art et rituel, entre sacré et intime. Ici, chaque tableau devient offrande, chaque présence l'écho d'un temple où l'invisible dialogue avec le visible.

Ce qui demeure – L'écho d'une traversée

Derrière les vagues, il y a ce que nous croyons perdu. Il y a les souvenirs que l'eau emporte. Mais aussi les souvenirs que les vagues restituent à qui sait les voir. L'exposition est une traversée où chacun pourra projeter ses propres réminiscences. C'est, je l'espère, un voyage physique, artistique, plastique, spirituel, intime, universel, un cycle.

Je me tiens encore devant mon chevalet. Je peins la mer. Toujours. Mais aujourd'hui, dans le noir, la lumière affleure et s'épand. Chaque éclat sur mes toiles est une aube fragile mais, derrière les vagues, la lumière demeure.

œuvres exposées

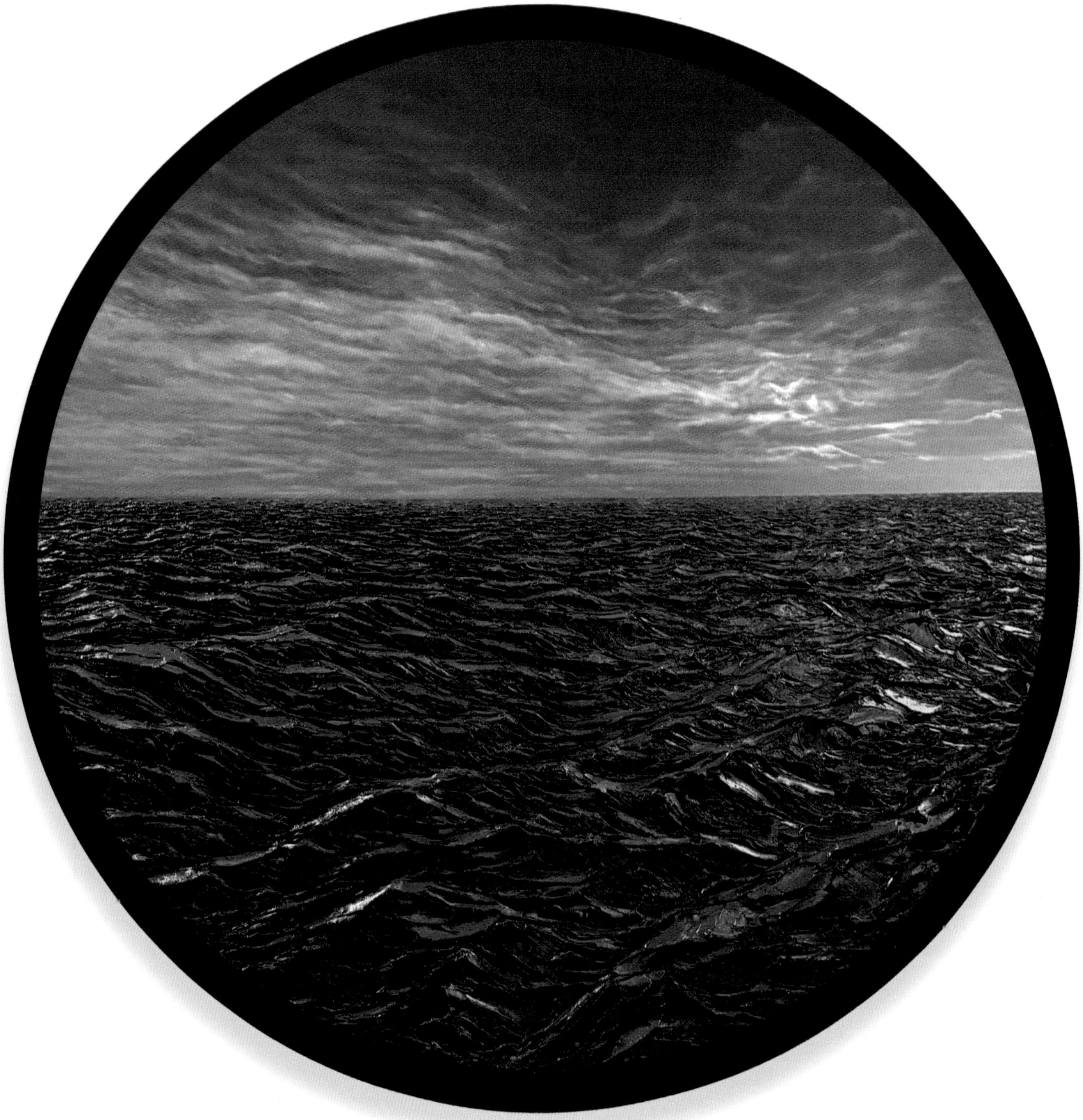

Bao Vuong
The Crossing, Derrière les vagues I
2025
Peinture à l'huile et acrylique, cendre de tiges d'encens
et poudre de graphite sur toile
200 × 200 cm

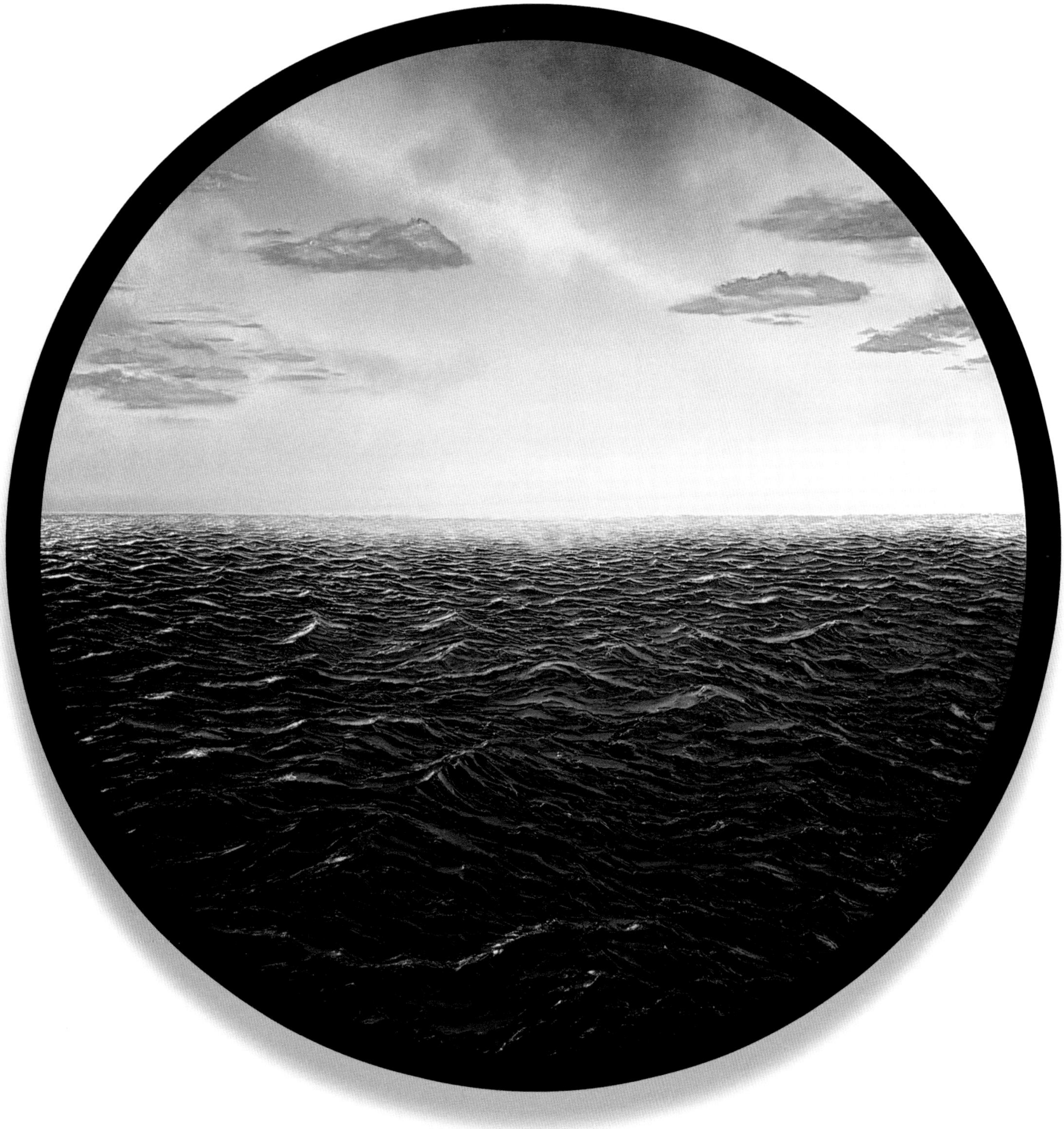

Bao Vuong
The Crossing, Derrière les vagues II
2025
Peinture à l'huile et acrylique sur toile
200 × 200 cm

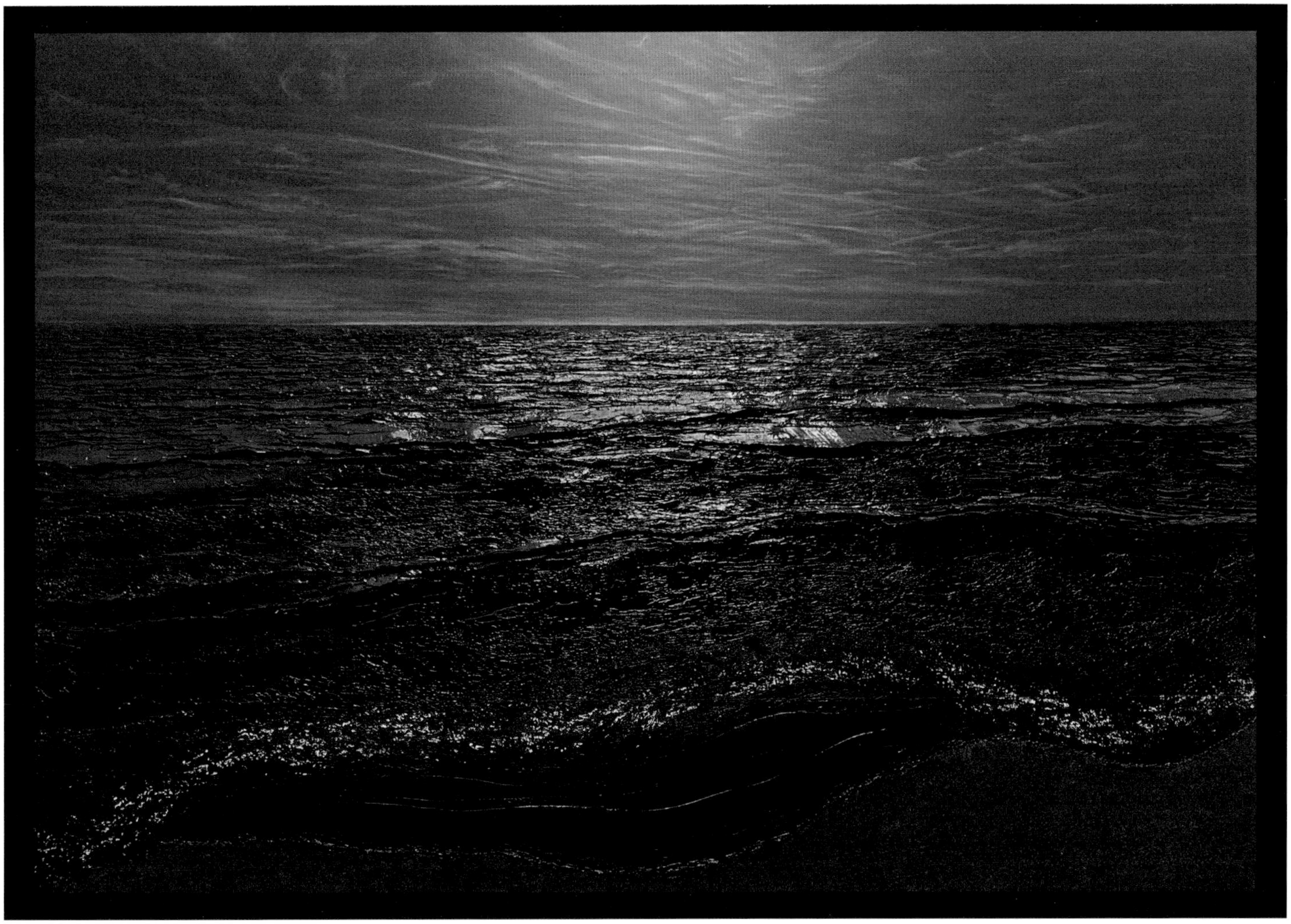

Bao Vuong
The Crossing CCXXX,
The Night of Departure IV
2024
Peinture à l'huile et acrylique,
poudre de graphite sur toile
130 × 195 cm

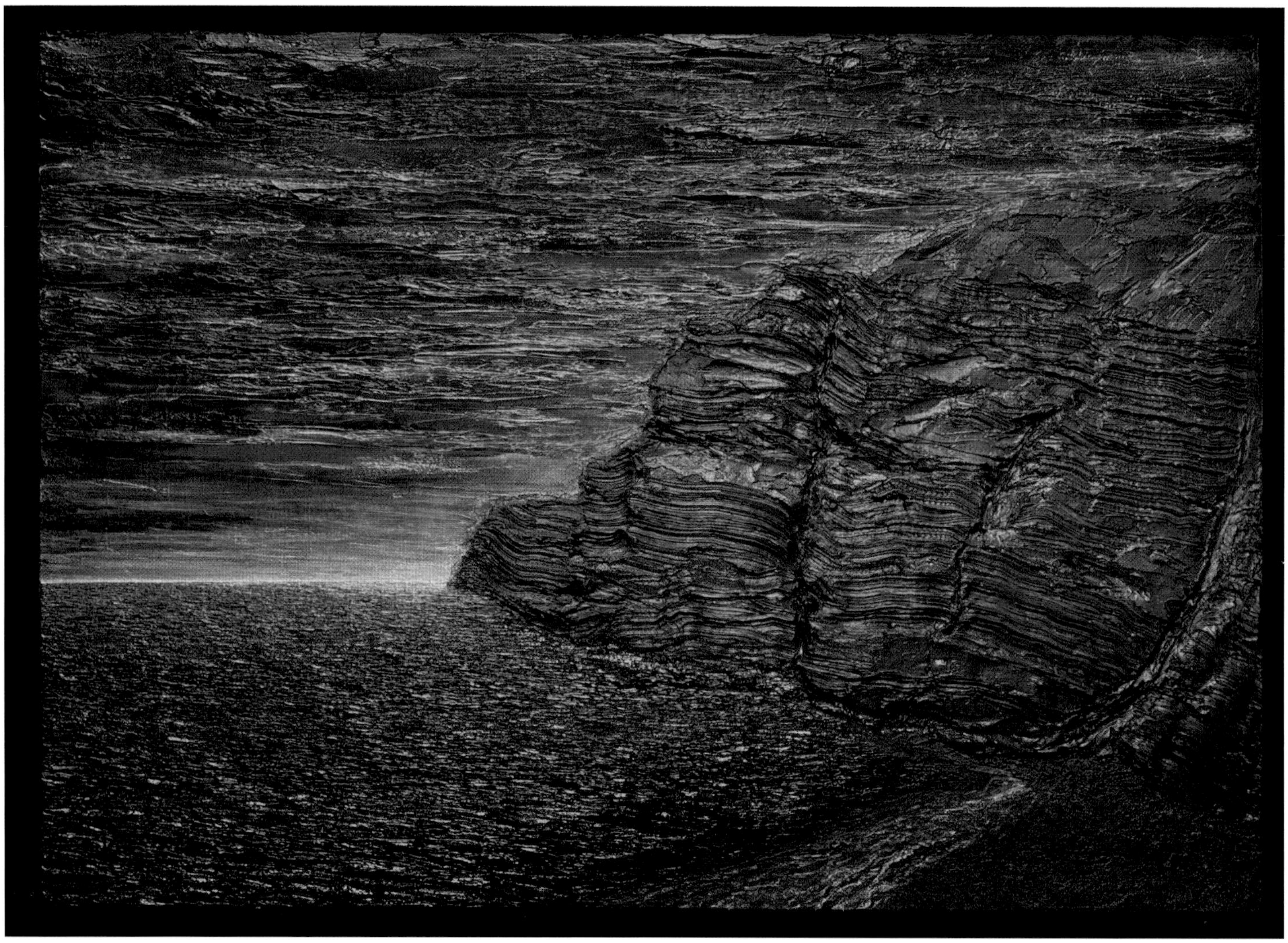

Bao Vuong
The Crossing – The Cliffs I
2025
Peinture à l'huile sur toile
114 × 162 cm

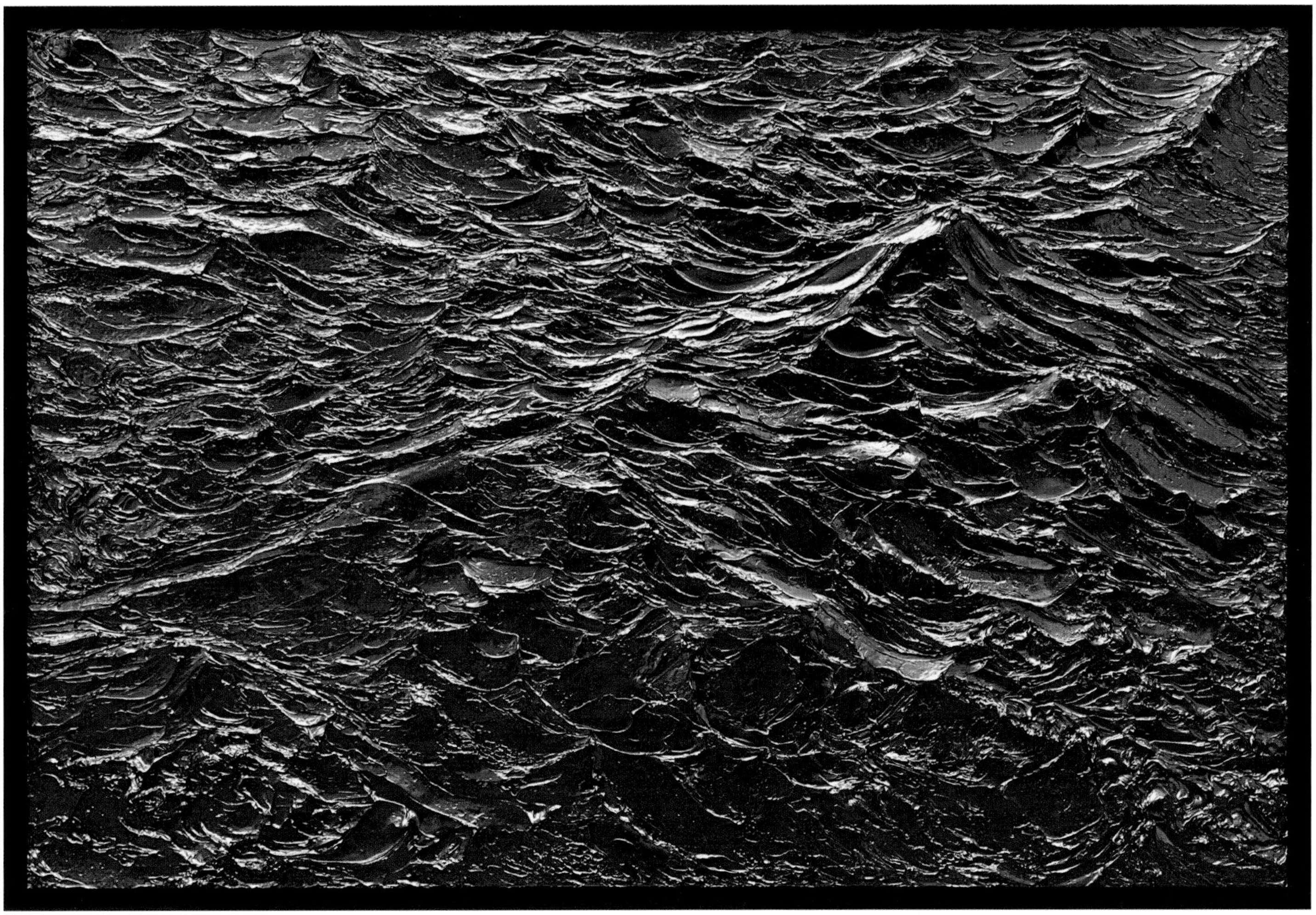

Bao Vuong
The Crossing CCXIV
2023
Peinture à l'huile sur toile
130 × 195 cm

Bao Vuong
The Crossing CCLXXXVI
2024
Peinture à l'huile sur tôle et panneau
151 × 100 cm

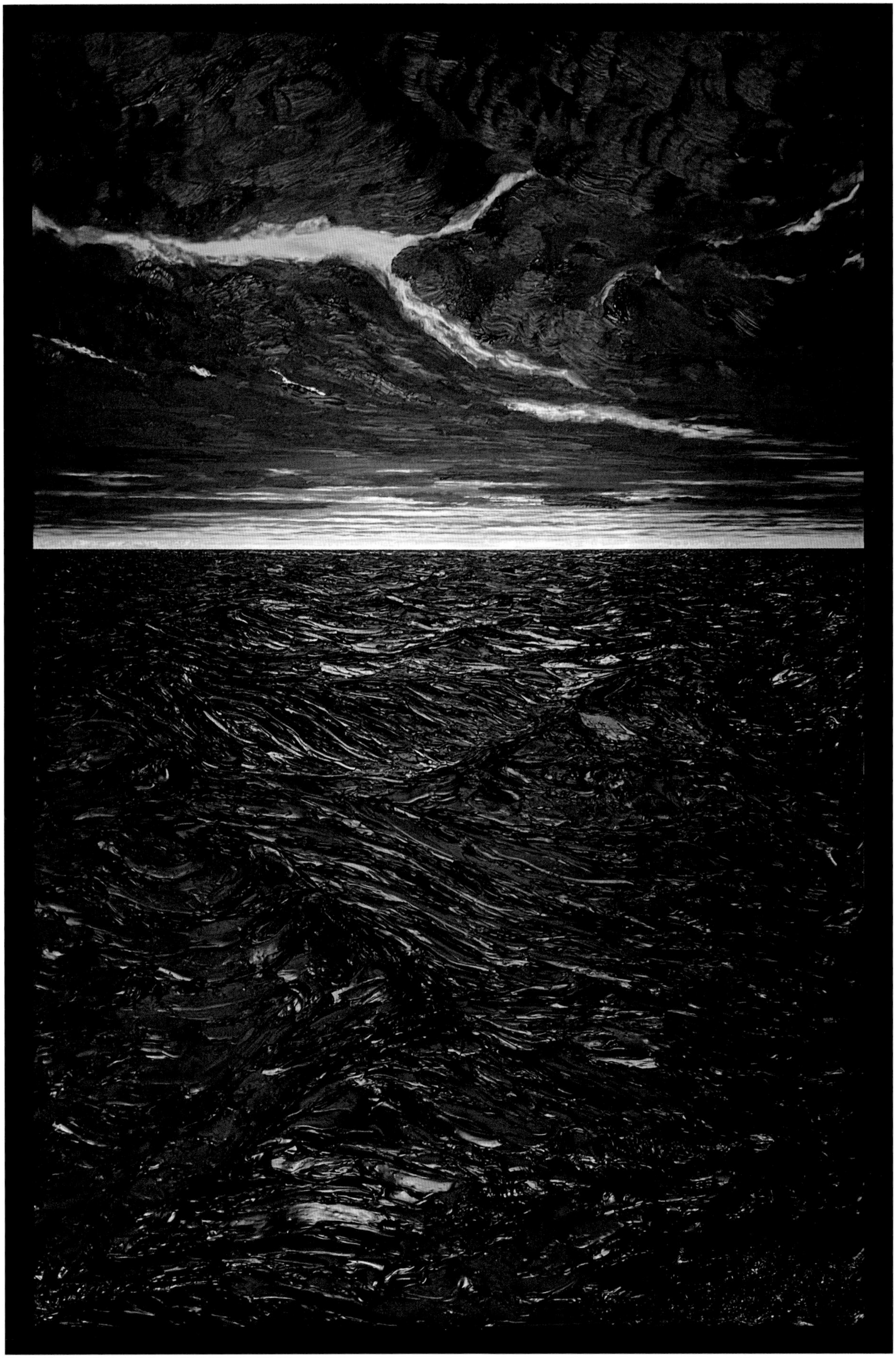

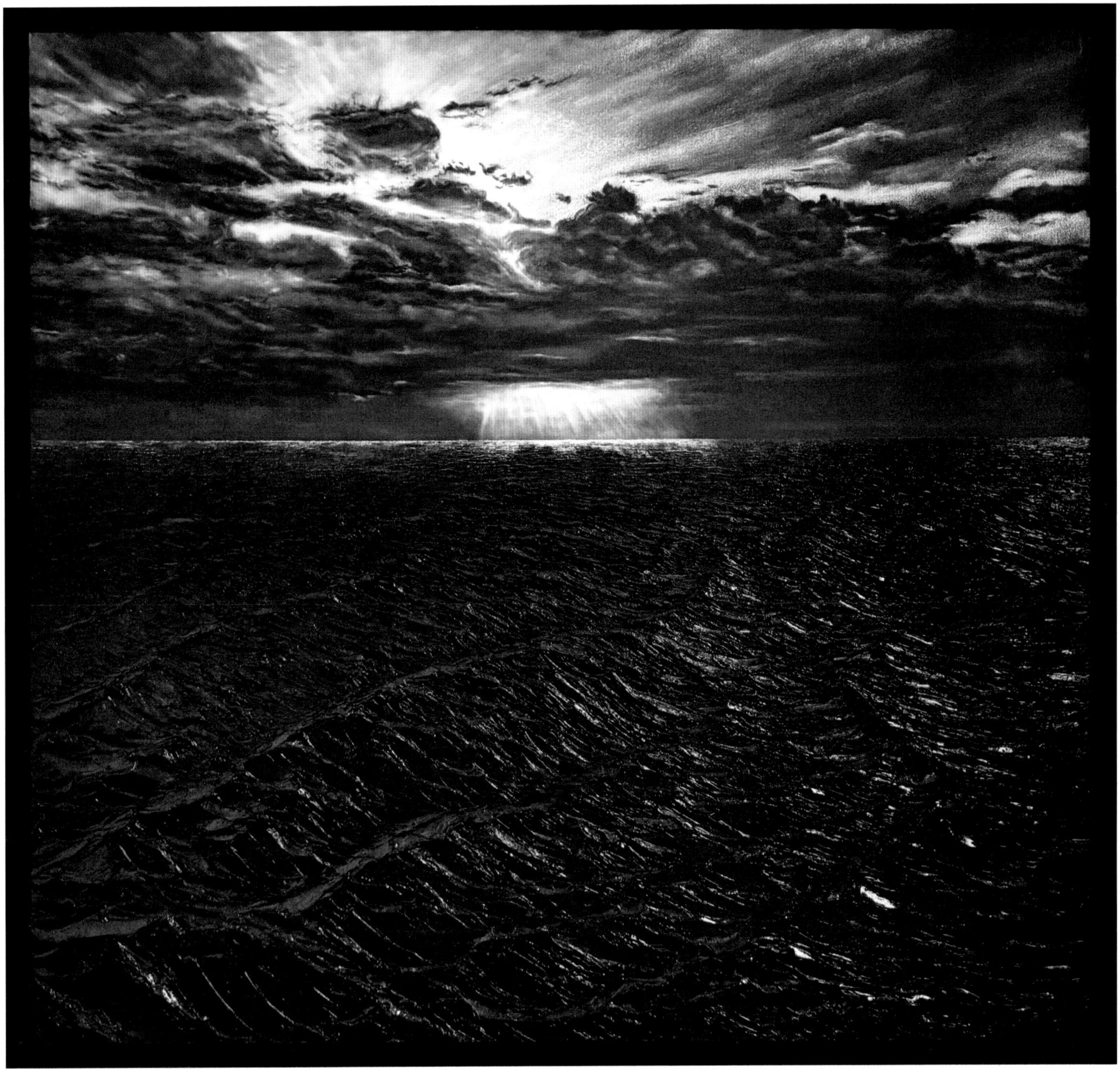

Bao Vuong
The Crossing CCLXI
2025
Peinture à l'huile et acrylique, poudre
et cire d'aluminium sur toile
168 × 190 cm

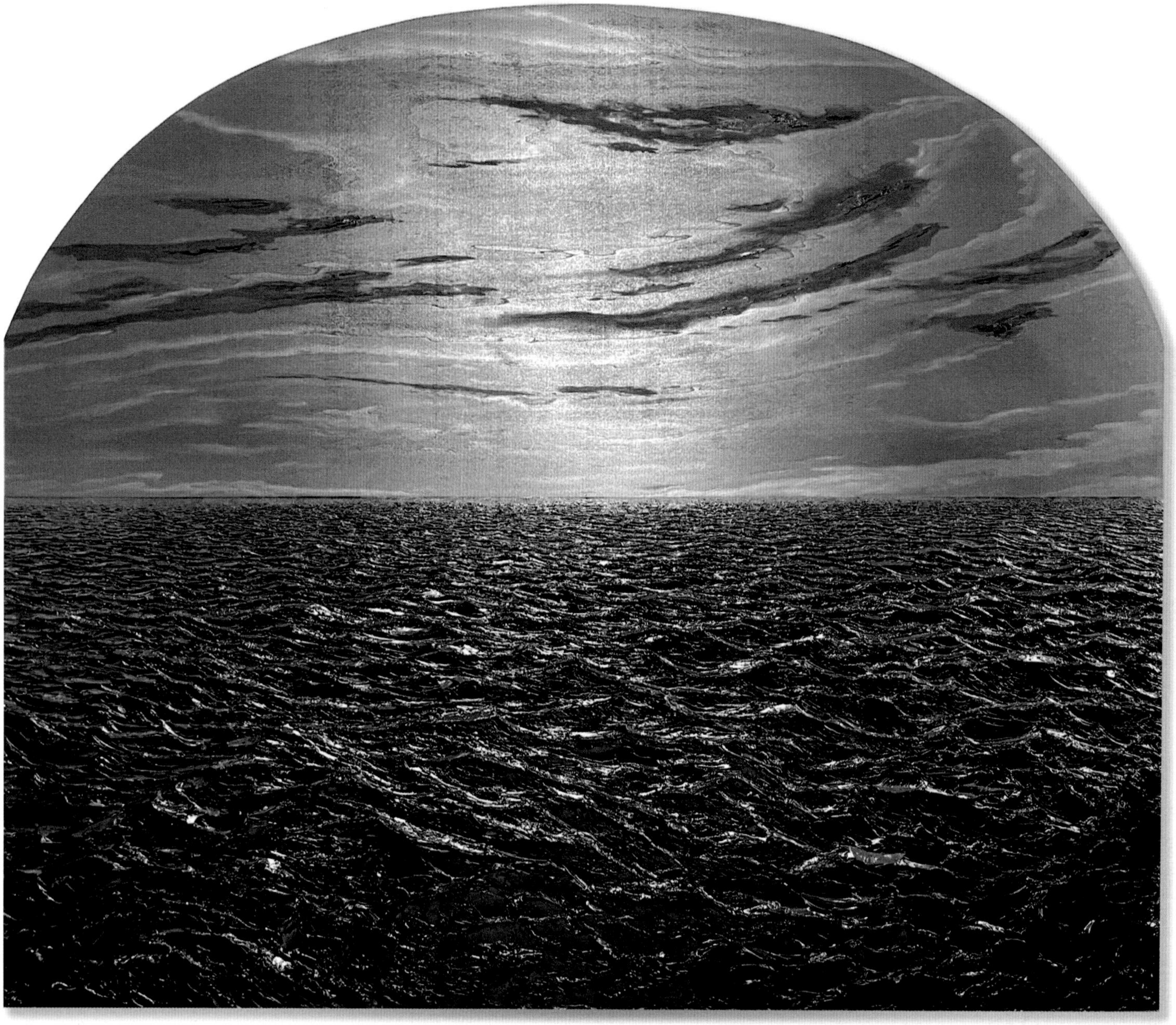

Bao Vuong
The Crossing CCXLI
2024
Peinture à l'huile et acrylique sur panneau
194 × 230 cm

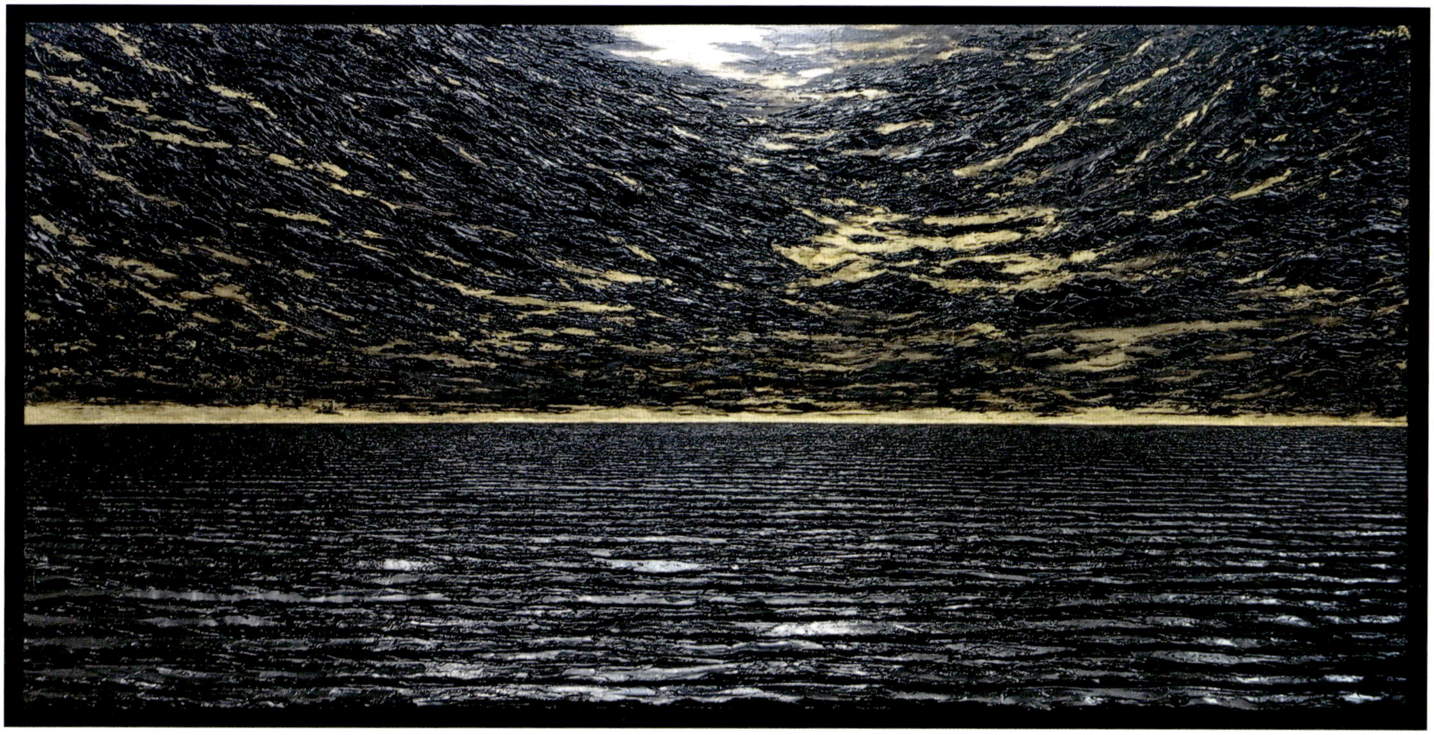

Bao Vuong
The Crossing CCXX
2023
Peinture à l'huile et acrylique, feuilles d'or sur panneau
122 × 250 cm

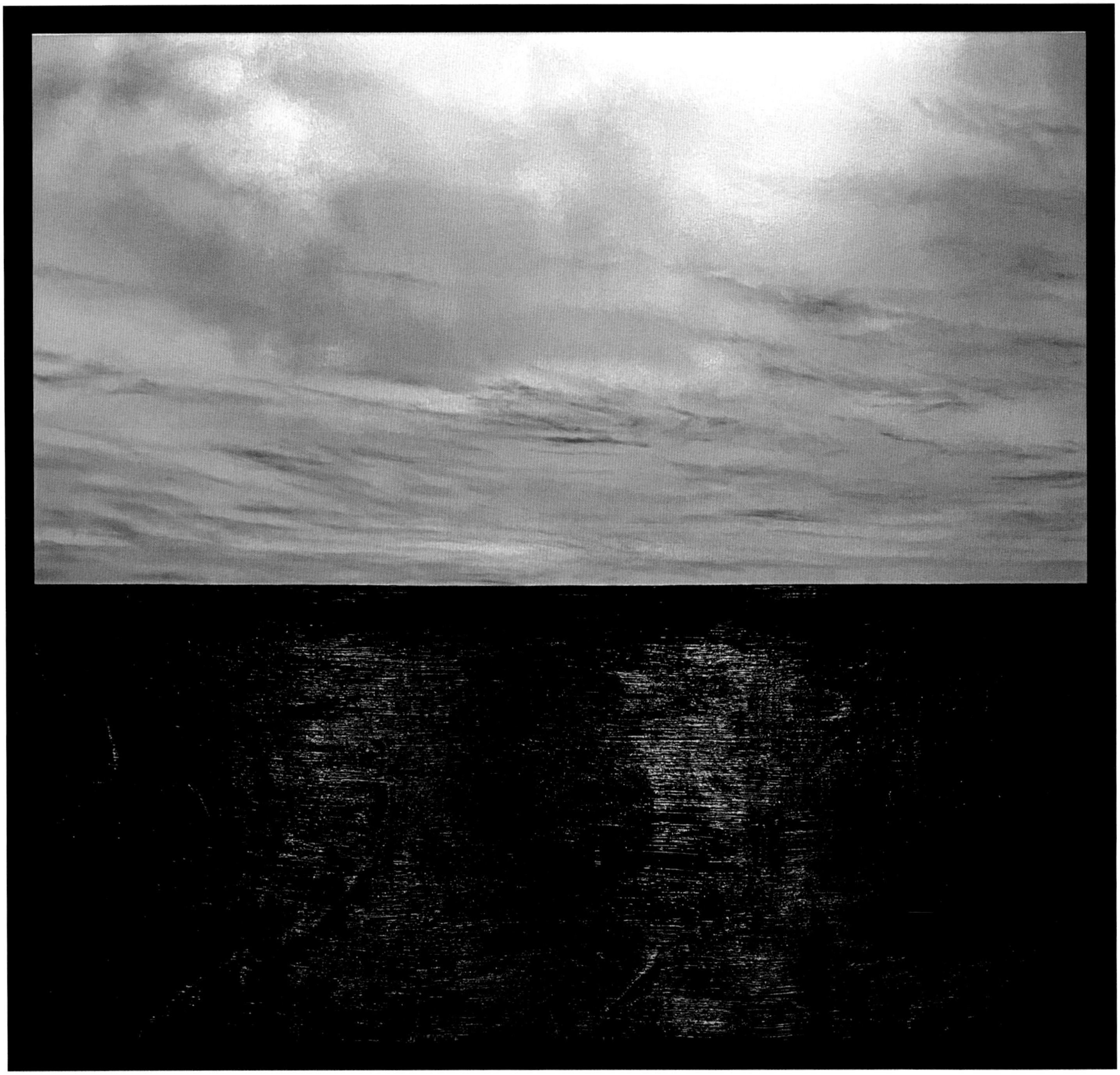

Bao Vuong
The Crossing CCLXXXVII
2024
Peinture à l'huile et acrylique, poudre
et cire d'aluminium sur toile
150 × 160 cm

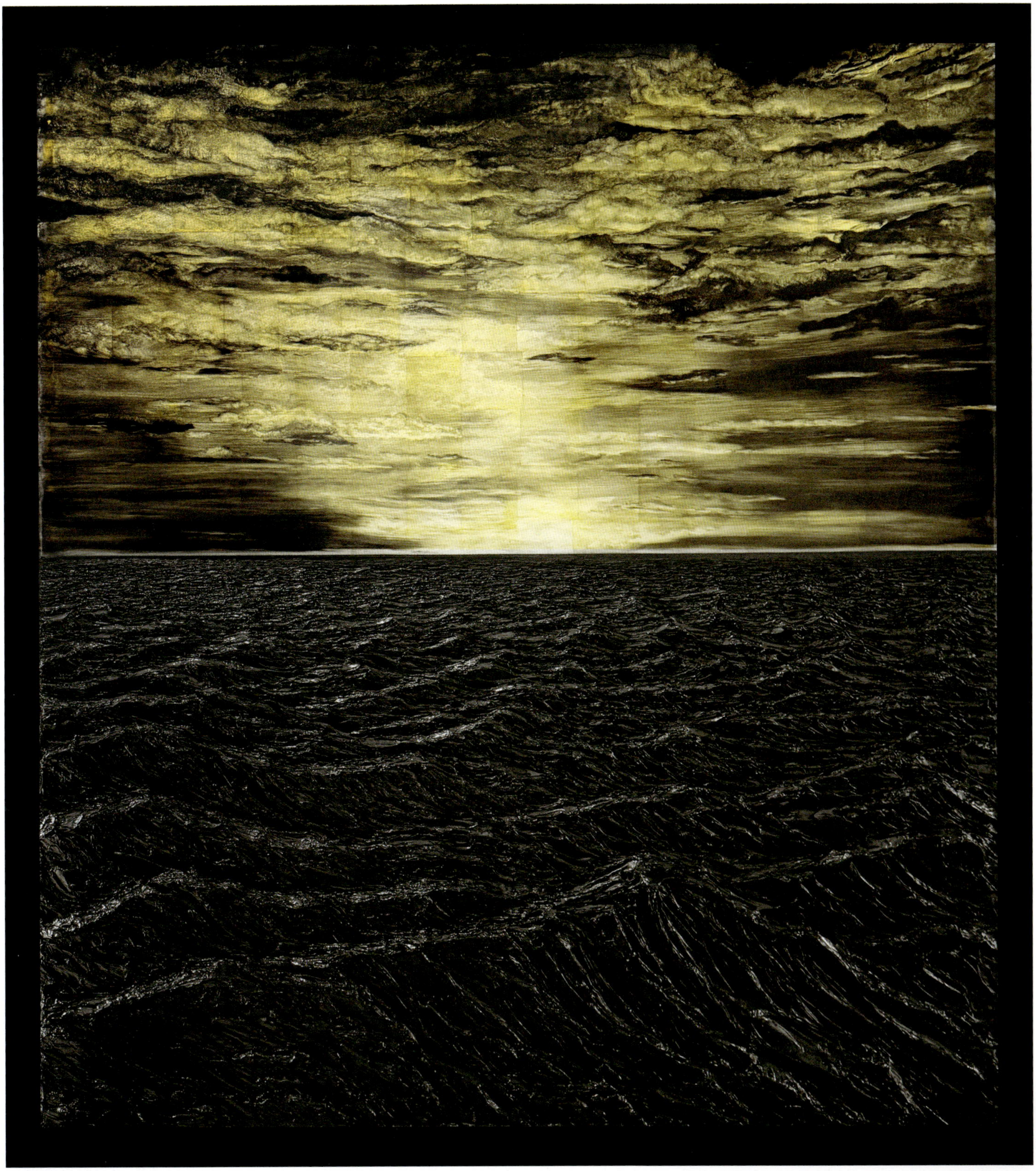

Bao Vuong
The Crossing Hang Ma III
2025
Peinture à l'huile, feuilles de prière, résine sur panneau
153 × 140 cm

La promesse de l'horizon

ANNE MAQUET

La traversée nous embarque rapidement dans une épopée esthétique, lyrique et cathartique. C'est le travail de l'artiste « qui nous sort du silence par les moyens de l'art », disait Albert Camus. L'émotion est là, on monte à bord, on entre d'emblée dans la matière, épaisse, subtile, généreuse et lumineuse. On ne peut s'empêcher d'y voir l'empreinte du maître de l'outrenoir, alors que Bao Vuong se considère plutôt de l'école de Boltanski, tant il fut marqué pendant son adolescence par son travail de mémoire sur la Shoah.

Le choc initial : la traversée comme origine du trauma

La matière est figurative, miroir sensible d'une histoire livrée par l'artiste. Bao Vuong est alors âgé d'un an, lorsque ses parents, comme des milliers de Vietnamiens qui en ont encore la force, décident de fuir un pays toujours en proie aux drames de la guerre et un régime qui ne leur permet plus de s'assurer de quoi vivre et nourrir leur famille. La fuite s'effectue par la mer, car il n'y a pas d'autre échappatoire ; les voilà prisonniers d'un pays où ils sont en danger et dont les frontières voisines sont infranchissables, tant le risque de périr sous les bombes enfouies est présent. Il n'existe pas de tradition maritime pour ces populations très terriennes, c'est pourtant sur des bateaux de fortune qu'embarquent ces personnes, en réflexe de survie, que l'on nommera « boat people ».

Blotti contre sa mère, Bao Vuong et ses parents entament une longue traversée terrifiante de 330 jours et nuits, où la survie tient du miracle. Ils affrontèrent des dangers de toutes natures tels que le froid, les tempêtes prêtes à les engloutir, la maladie, le manque d'eau, les attaques de pirates, le risque d'être tués avant même d'avoir atteint l'horizon, par les autorités qui pourchassent et traquent inlassablement les candidats à l'exil.

Bao Vuong évoque le récit émouvant confié par sa mère de trois jours sans nourriture ni eau, à dériver, perdus et abandonnés sur l'océan, moteur en panne, prêts à accueillir la mort perçue comme inéluctable, puis soudain dans le ciel azur, l'apparition d'un nuage unique qui devient pluie et sauve les réfugiés de la déshydratation.

Le voyage débuta dans le delta du Mékong, avec deux cents âmes réunies dans un même espoir fragile. L'ombre de la mort était partout, tapie dans l'attente, tandis que chaque escale sur la terre ferme menait à d'autres épreuves : les camps de réfugiés, l'attente incertaine, l'épuisement. Dans les camps, chaque nuit résonnait du silence inquiet des exilés, chaque aurore portait l'espoir ténu d'un ailleurs. Ce voyage les mena jusqu'en Indonésie, où ils purent enfin s'envoler vers la France, sensible à ce drame humain et prête à les accueillir.

Et même si cet enfant était protégé par les bras aimants de sa mère, sa mémoire conserva l'empreinte du périple. Une mémoire furtive, enfouie, tissée d'ombres et de silences, s'était ancrée dans le souffle même de son être, palpitant dans le creux des battements invisibles du temps, tel un murmure persistant du passé, un écho subtil d'angoisse et de lutte, dont l'art, plus tard, deviendrait le messager.

Les premières toiles de Bao s'imprégnèrent de cette empreinte du passé. Parmi les sensations qui ne l'avaient jamais quitté, il y avait cette odeur du goudron émanant des cales. Bao Vuong n'a jamais oublié ce souvenir olfactif, témoin silencieux du voyage contraint. Comme le souligne Marcel Proust dans *À la recherche du temps perdu*, l'odeur et le goût des choses demeurent longtemps, prêtes à nous rappeler un monde oublié. Ce qui a été enfoui refait surface au contact d'une odeur, d'une texture, d'un détail en apparence anodin. Chez Bao, cette réminiscence ne se limite pas à un souvenir figé, elle devient une matière vivante, un écho qui traverse le temps et ressurgit sur la toile.

C'est pourquoi il a voulu en capturer l'essence, donner à cette expérience un ancrage physique en intégrant dans ses premières toiles le goudron à sa peinture. Comme l'évoque le neurobiologiste Antonio Damasio, les émotions et les souvenirs ne sont pas de simples archives du passé, ils modèlent notre manière d'être au monde, influencent nos choix et imprègnent chaque

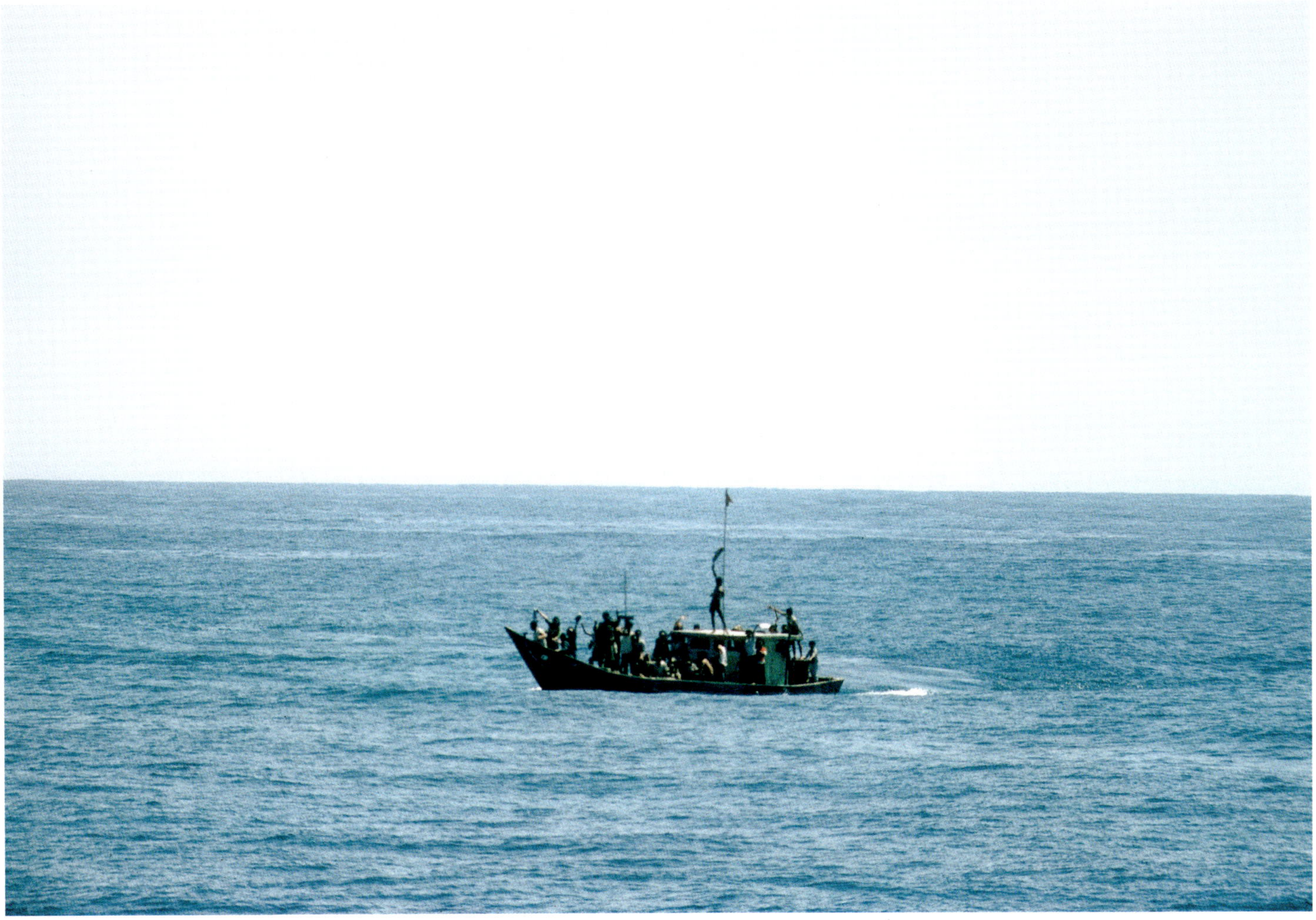

Fred Ihrt, *Boat People vietnamiens*, 1978

perception. Pour lui, la mémoire n'est pas un simple enregistrement d'événements, mais une dynamique vivante où sensations et émotions sont intimement liées. Ainsi, les souvenirs sensoriels ne sont pas de simples images mentales, ils façonnent notre identité, s'inscrivent dans notre chair et nos émotions, devenant des repères invisibles qui guident notre existence. En incorporant cette texture à ses œuvres, Bao Vuong ne reproduit pas seulement un passé révolu, il le ravive, le transforme en un langage plastique où chaque nuance porte l'empreinte du vécu. Plus qu'un simple élément pictural, il en a fait un langage : cette substance imprègne la toile, évoque le poids du passé tout en lui insufflant une vitalité nouvelle. Il est à la fois la trace et la transformation, le lien entre l'épreuve et l'expression. À travers cette incorporation, Bao Vuong ne fait pas que raviver un souvenir, il convoque une présence, une vibration qui traverse le temps et s'inscrit dans la matière même de ses œuvres.

Puis il a poursuivi son exploration en intégrant d'autres éléments. Les cendres, fragiles et volatiles, sont venues prolonger cette écriture de la mémoire, hommage aux ancêtres et aux disparus, à ceux que la mer n'a jamais rendus. Elles évoquent une disparition progressive, une trace insaisissable flottant entre le visible et l'oubli, vestiges d'histoires dissoutes dans l'immensité de l'océan. Ce passé n'est pas seulement figé dans la matière : il vibre dans les ombres, dans les strates superposées des compositions.

La confrontation à l'œuvre : du chaos à la mise en mouvement

L'art de Bao Vuong est fondé sur la narration du passage. Il convoque le silence, le poids du souvenir, puis, progressivement, fait apparaître une ouverture.

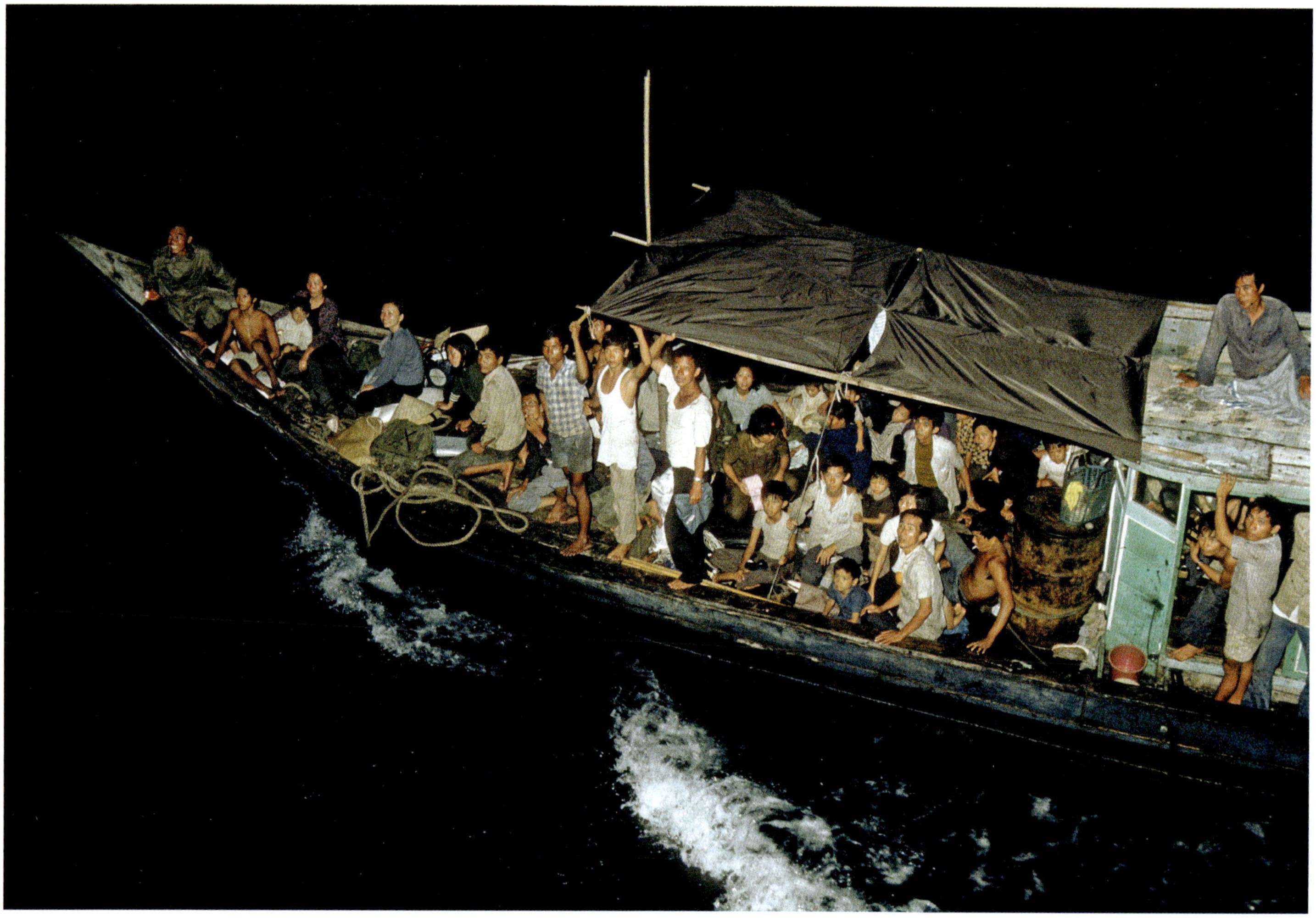

Fred Ihrt, *Boat People vietnamiens*, 1978

Comme l'a écrit Paul Klee dans *Théorie de l'art moderne*, « l'art ne reproduit pas le visible, il rend visible ». Il dévoile ce que l'œil ne perçoit pas immédiatement, il fait surgir du silence ce qui, autrement, resterait enseveli sous les strates du temps. C'est en cela que l'art de Bao Vuong agit comme une révélation : il ne se contente pas d'évoquer un souvenir, il en exhume la charge émotionnelle, il en fait résonner les échos dans l'instant présent. Ses noirs profonds ne sont pas une obscurité close, mais un espace de transformation, où la douleur trouve une forme et la mémoire, un ancrage. La lumière, quant à elle, n'est pas une simple opposition, mais une émergence progressive, une trouée dans la matière qui invite à la résilience et à la réparation.

Cette tension entre ombre et clarté fait écho aux vers du poète vietnamien Nguyễn Du, dans *L'histoire de Kiều* : « La douleur s'efface sous le pinceau du temps, mais son empreinte demeure au creux de l'âme ». Bao Vuong, à sa manière, inscrit cette empreinte dans la matière même de ses œuvres, comme un dialogue silencieux entre le passé et le présent, entre l'absence et la persistance du souvenir.

Les œuvres de Bao Vuong dessinent au fils de ses créations une trajectoire de résilience. Boris Cyrulnik, neuropsychiatre et éthologue français, a consacré sa vie à l'étude de la résilience, ce processus par lequel un individu parvient à se reconstruire après un traumatisme. Rescapé de la Seconde Guerre mondiale, il a transformé son propre passé douloureux en une quête scientifique et humaniste. Il explique que le traumatisme ne se résorbe pas, il se transforme. C'est précisément cette transformation que l'œuvre de Bao Vuong met en jeu : elle ne nie pas la douleur, elle l'intègre, la façonne et la transcende. Comme le suggérait Winnicott, l'acte créatif permet de redonner une continuité à l'existence après la rupture, de reconstruire un lien là où tout semblait brisé. Ainsi, l'art n'est pas seulement un exutoire, mais une manière d'habiter pleinement l'histoire que l'on porte, de lui donner un sens qui dépasse le simple récit du traumatisme.

Le langage du silence : une peinture qui parle autrement

L'absence de narration dans sa peinture amplifie cet appel silencieux. Elle nous laisse libres d'y projeter nos propres exils, nos naufrages intimes. En ce sens, ses toiles sont des reflets de nos propres vertiges : elles nous confrontent, mais nous permettent aussi d'avancer. L'impact est direct, instinctif, et pousse le spectateur à une immersion physique, où la contemplation devient une expérience sensorielle et méditative.

L'expérience de l'art n'est pas qu'une réminiscence du traumatisme, elle est un pont vers la réconciliation. Comme le formulait Nietzsche : « Nous avons l'art afin de ne pas mourir de la vérité. » Créer, c'est mettre en mouvement ce qui était figé par la douleur. Les toiles de Bao Vuong portent cette dynamique : elles déclinent l'obscurité, mais y introduisent une respiration, une pulsation de lumière et d'horizon. À travers le geste pictural, il engage un dialogue entre le passé et le présent, entre le souvenir figé et la nécessité d'un mouvement vital. Comme le disait John Berger, « la peinture n'est pas seulement une image figée dans le temps, elle est une invitation à voir autrement, à s'engager dans un espace de réflexion et de transformation ».

Ce processus est une alchimie intérieure : Bao Vuong ne cherche pas à abolir la douleur, mais à la transmuter, à la laisser infuser dans la matière jusqu'à ce qu'elle devienne autre chose. Il donne à l'absence un corps, au silence une texture. Sa lumière n'efface pas l'ombre, elle la révèle, elle l'amène à un état de suspension où elle cesse d'être un poids pour devenir une ouverture.

Ainsi, ses toiles sont des seuils d'où peut émerger une forme de réparation silencieuse. Elles ne résolvent pas, elles permettent, elles offrent au regard une latitude nouvelle, un horizon où l'histoire personnelle et collective s'entrelacent pour faire advenir un sens renouvelé. Créer, ici, c'est rendre le chaos habitable, c'est faire de l'épreuve un espace où peut naître une respiration, une force prête à avancer.

Mais avancer ne signifie pas seulement surmonter. Il s'agit aussi de trouver un ancrage, un espace où l'inconnu devient terrain d'exploration. C'est ici que la mer prend tout son sens. Immense, mouvante et insaisissable, elle n'offre ni certitude ni point fixe, mais elle est un lieu de transition, d'abandon à l'infini. Elle incarne ce qui nous dépasse et nous englobe, un horizon qui nous attire et nous transforme.

La mer quête universelle

La mer, insondable et universelle, catalyse l'introspection. Dans son immensité, l'esprit dialogue avec l'infini. Elle dépasse les frontières culturelles et temporelles, reliant les peuples, les destins, les histoires. L'intime rejoint l'universel, nos solitudes s'entrelacent en une humanité partagée. Bao Vuong nous rappelle que chaque naufrage peut devenir un rivage, chaque errance une renaissance.

Ainsi, s'immerger dans ses œuvres, c'est accepter d'affronter l'ombre, pour mieux percevoir la lumière. Dans cette oscillation entre profondeur et élévation, le spectateur est appelé à sa propre traversée.

Comme l'écrivait Hàn Mặc Tử, poète vietnamien dont les vers portent en eux l'intensité de la douleur et la splendeur du monde : « La nuit se déchire, et la lumière s'infiltre en pluie d'or sur la mer infinie. » Bao Vuong, à travers son œuvre, semble inscrire cette déchirure et cette révélation dans la matière même de ses toiles, là où le tumulte rencontre l'accalmie, où l'absence devient présence, et où chaque regard posé sur la mer devient un dialogue avec l'infini. Dans cette oscillation entre profondeur et élévation, le spectateur est appelé à sa propre traversée : celle qui mène, inéluctablement, du chaos à l'apaisement.

Bao Vuong et ceux que l'on porte en soi

LOUIS RAYMOND

« [...] dérivant tels des souvenirs égarés
ou sombrant eau salée gonflant poumons
et lèvres glissant vers le grand silence. »

Ces trois vers sont issus d'un poème de Sabine Huynh, qui compte parmi les premiers de ses *60 sonnets pour les Boat People*, dans son recueil *Prendre la mer*, paru en 2024[1]. Le projet de Sabine Huynh, qui a composé ses poèmes à partir d'extraits d'entretiens menés auprès de réfugiés vietnamiens au Canada dans le cadre d'une recherche universitaire, procède d'un geste similaire à celui qui anime Bao Vuong dans son travail : ce sont d'autres voix qui s'expriment, que l'art s'efforce de transcrire au mieux, à la mesure de ses moyens.

Une traversée, telle est la genèse de l'œuvre de Bao Vuong. Au Việt Nam, une guerre s'était terminée, l'ultime jour d'un mois d'avril, il y a cinquante ans. Après la réunification sous l'égide du Parti communiste vietnamien, son père voulait éviter les camps de rééducation et a décidé de partir avec la famille, imposant plus ou moins son choix à sa mère. D'abord, il y eut l'attente du départ. Puis une dérive, ponctuée d'attaques de pirates, jusqu'en Malaisie, un retour en mer forcé, un nuage providentiel qui conjure la soif, un bateau qui passe par-là, un camp de réfugiés et enfin, un départ pour la France. Devenu adulte, l'artiste redécouvre le noir et la mer, qu'il transforme en espoir, permettant à qui le souhaite d'y voguer.

Cette clé d'interprétation biographique de l'œuvre du peintre est fondamentale : c'est ainsi qu'on entre dans ses tableaux, qu'on fait connaissance avec son rapport à la lumière, qu'on comprend les remous des vagues, qu'on scrute l'horizon. Elle ne saurait cependant tout résumer, car il y a dans le travail de Bao Vuong une autre dimension, plus spirituelle et culturelle. Elle a trait d'une part à l'essence même de l'acte de mémoire – le rapport qu'on entretient aux morts et plus particulièrement à « ses » morts – et d'autre part à ce que son imaginaire emprunte à la culture et à la religiosité du Việt Nam, et tout particulièrement au culte des ancêtres.

La première fois que nous nous sommes entretenus, Bao Vuong préparait sa première exposition personnelle à la galerie A2Z à Paris, en décembre 2020. Il décrivait alors son rapport à la spiritualité de la manière suivante : « Il m'arrive d'utiliser le mot "égrégore" à propos de mon travail, ce [...] qui a un sens assez proche de l'idée d'inconscient collectif. Je suis quelqu'un d'assez spirituel, et il m'arrive de penser que ma main ou mes actes sont guidés. [...] Je n'ai pas l'impression de choisir mon geste.

Autel des ancêtres de Bao Vuong
Việt Nam, 2022

Bao Vuong
The Crossing CLXIV
2022
Peinture à l'huile et acrylique, cendre de tige d'encens et poudre de graphite sur toile
162 × 97 cm

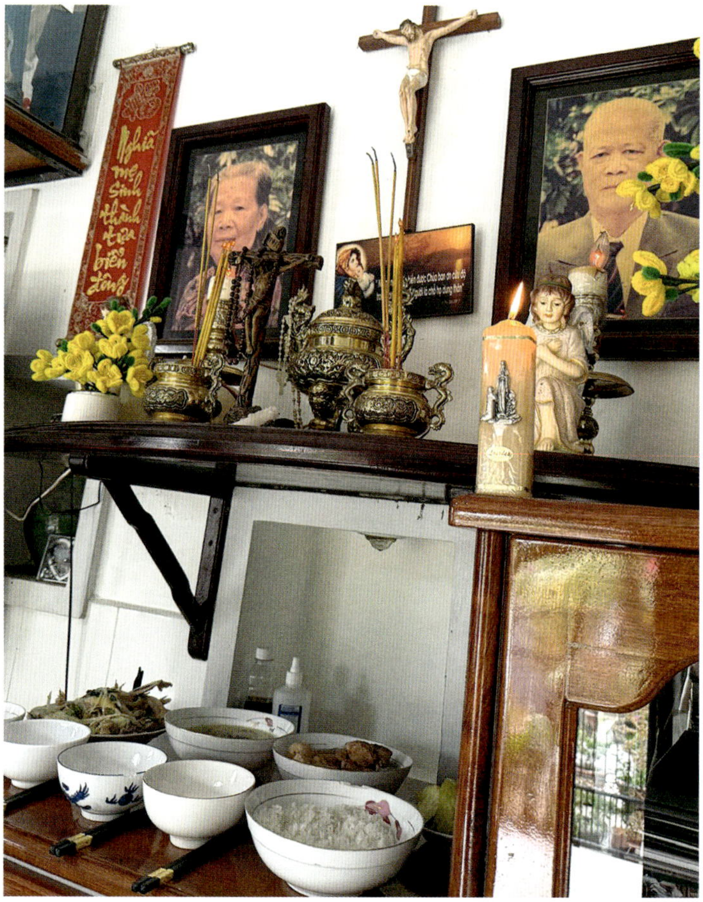

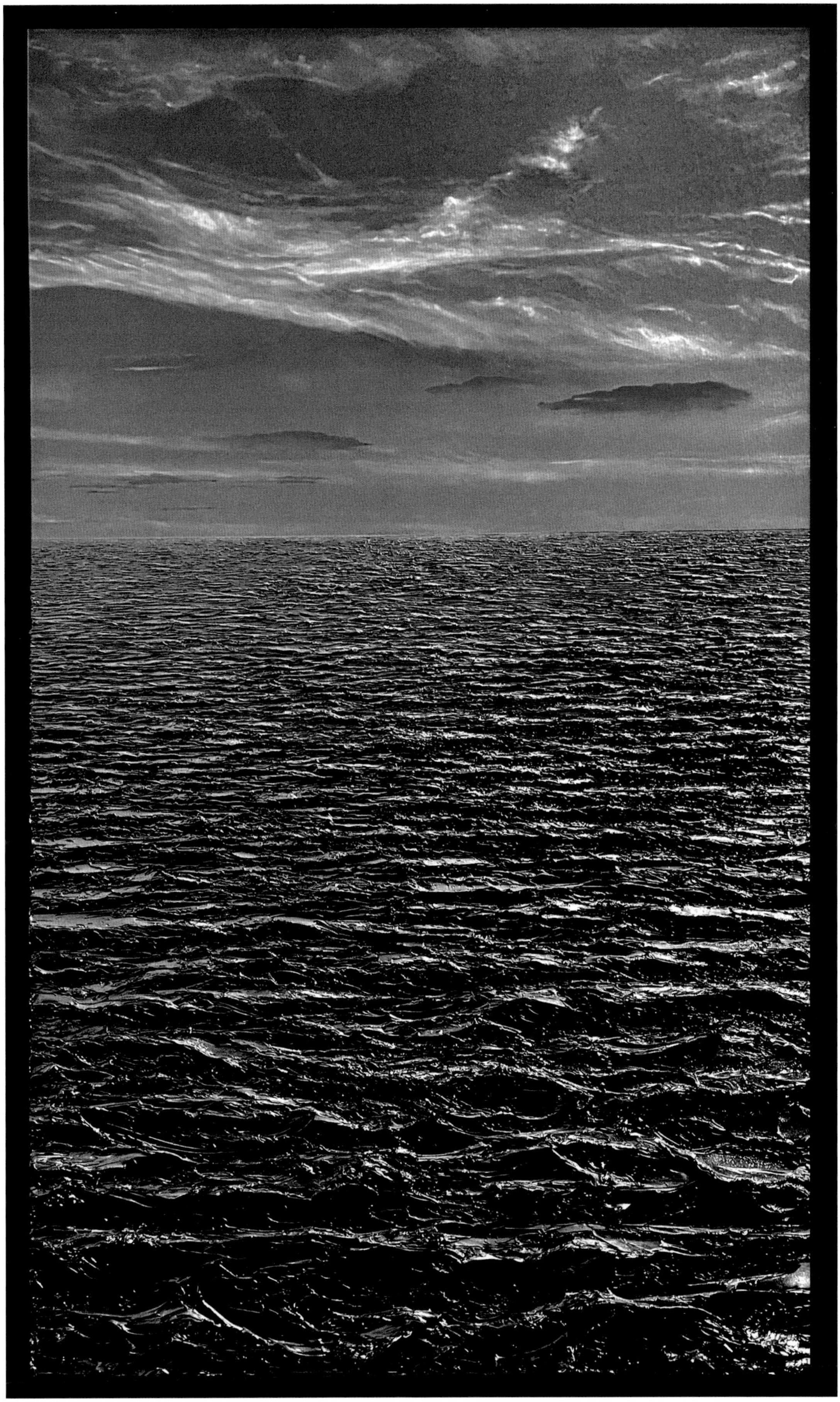

Quand je peins des vagues, j'ai même la sensation que mon poignet peint tout seul et que plusieurs personnes, ou plusieurs esprits, tapis dans l'ombre, l'encouragent et dictent la nature de ce que sera la toile, qui se révèle à moi au fur et à mesure. »

Qui sont ces « personnes », ces « esprits », tapis dans la conscience d'un peintre franco-vietnamien, qui a connu l'exil au cours de sa petite enfance ? Ce sont certainement, en premier lieu, toutes ces personnes qui n'ont pas pu aller au bout de leur traversée, mortes en cours de route. Entre 200 000 et 250 000 personnes ont péri en fuyant l'Asie du Sud-Est entre la fin des années 1970 et le milieu des années 1980, selon l'estimation du Haut-Commissariat des Nations Unies pour les réfugiés. Dans son recueil, Sabine Huynh parle d'eux comme des « spectres de sel » : ils sont une présence, une mémoire, à quiconque a croisé leur regard ou est né en sachant qu'un membre de sa famille repose à jamais au fond du golfe de Thaïlande.

Il y a aussi ceux qu'on laisse derrière soi en prenant la mer. La famille qui vous regarde partir, sachant qu'elle ne pourra vous retenir et que peut-être, elle ne vous reverra plus. La tombe des ancêtres qu'on ne pourra plus entretenir, sur laquelle il ne sera plus possible d'allumer de l'encens. Le pays qu'on abandonne, ne sachant, là encore, s'il pourra être retrouvé, et dont la nostalgie peut confiner au tragique, comme dans le roman *La petite fille de Monsieur Linh* de Philippe Claudel. Ce n'était pas un pays parfait, loin de là. C'était même tout le contraire : désolation et débandade, surveillance sous soleil voilé, où même les baladins s'étaient tus. Mais c'était chez soi, et on ne part jamais de chez soi à la légère.

Ce sont enfin tous ceux qui meurent ou qui laissent une part d'eux-mêmes en tentant d'aller quelque part, leurs yeux rivés avec angoisse sur une destination inconnue et invisible. Réfugiés rohingyas d'aujourd'hui qui,

Bao Vuong
6 items at Essex
2022
Bocaux en verre, eau, impression sur rhodoïd, objets de souvenirs

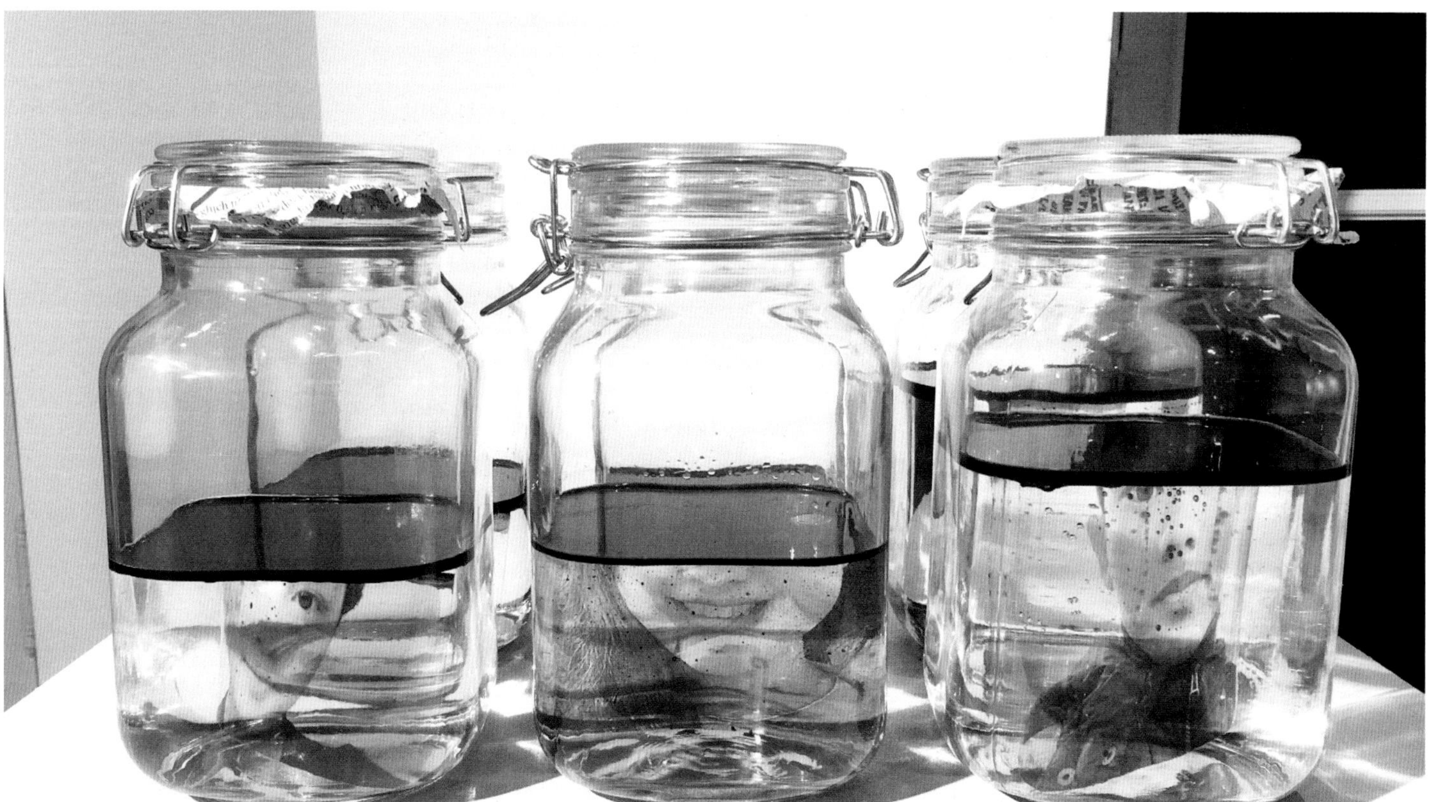

quittant l'ouest de la Birmanie ou le Bangladesh sur des embarcations de fortune, bravent la faim et la soif pour accoster en Indonésie, en Thaïlande ou en Malaisie, où personne ne veut les accueillir. Vietnamiens qui traversent la Manche sur des canots pneumatiques pour aller travailler en Angleterre dans les ongleries et les fermes à cannabis. Migrants d'Afrique qui, s'ils ont échappé à l'esclavage en Libye, voguent sur cette Méditerranée qui est devenue un tombeau pour nombre d'entre eux.

Bao Vuong peint par eux, plutôt que pour eux ; ils figurent quelque part en lui. Une des fonctions de la littérature peut être d'établir un dialogue avec les morts, de permettre leur résurrection. C'est un dialogue qui a lieu en soi, silencieusement, et qui a vocation à être retranscrit dans le texte, le poème, le roman. Nombre d'écrivains qui « héritent », si l'on peut dire, d'un drame originel, font cette expérience intime : questionner « ses » morts à travers l'art et retranscrire leurs réponses. C'est peut-être cela qu'exprime Bao Vuong, lorsqu'il dit qu'il a l'impression que ses actes sont guidés.

Outre la mer et le jeu entre le noir et la lumière, un des autres thèmes qu'explore l'artiste dans son œuvre est celui des objets votifs et du culte des ancêtres. Les porte-encens accompagnent les tableaux et les *hàng mã* (objet votif, en vietnamien) sont au centre d'un grand projet artistique auquel il travaille depuis des années, qui doit être mené à bien avec des étudiants vietnamiens en art en 2025.

Peut-être faut-il dire un mot de ce culte des ancêtres, ou plutôt de ce qu'il signifie pour ceux qui le pratiquent, dans toute l'Asie de tradition confucéenne. Il a pour but de « perpétuer un complexe émotionnel aussi intense que possible, liant de façon indissoluble les vivants et les morts d'un même clan », écrivait l'historien Maurice Durand[2]. Ce, sur quatre générations ascendantes : sur l'autel des ancêtres ou dans le temple familial, on honore ainsi jusqu'aux trisaïeux par l'acte rituel. L'objet votif que l'on brûle est envoyé à l'ancêtre dans l'au-delà. Le beau fruit que l'on dépose sur l'autel est laissé là plutôt que d'être mangé, jusqu'à parfois marquer le bois. « Grâce au rituel, poursuit le même auteur, le Việt Nam croit aux morts, tandis que l'Occident ne croit qu'à la Mort[3]. »

Ce culte dépasse les frontières des religions. Il n'est pas rare de voir des autels des ancêtres dans les foyers catholiques par exemple, à côté d'un crucifix ou d'une statue de la Sainte-Vierge. Aussi, pour beaucoup de Vietnamiens, le deuil, la mort, l'absence et le vide deviennent une manière de vivre, d'être avec les vivants. C'est un paradoxe en apparence, mais dans cette religiosité, la vie et la mort sont en quelques sortes les deux facettes d'une même pièce, comme le sont la lumière et l'obscurité, le jour et la nuit. Bao Vuong est évidemment conscient de cette dualité et la met en scène dans cette exposition rétrospective au musée départemental des arts asiatiques à Nice, avec une installation centrale intitulée *Derrière les vagues*.

Peut-être est-ce là une autre interprétation possible : les tableaux de la série *The Crossing* sont finalement des objets rituels destinés à établir un lien avec toutes celles et tous ceux que le peintre porte en lui. Ce n'est pas un lignage, pas une généalogie qu'il honore, mais tout un cortège d'êtres humains qui ont eu à endurer des épreuves, à traverser quelque chose. Son talent nous permet d'embarquer à leur côté et de méditer sur leur sort ainsi que sur le nôtre, en l'attente de l'autre rive.

1 Sabine Huynh, *Prendre la mer. 60 sonnets pour les Boat People*, Paris, Éditions Bruno Doucey, 2024, p. 15.
2 Pierre Huard et Maurice Durand, *Connaissance du Viêt-Nam*, Hanoi, École française d'Extrême-Orient, 1954. p. 98.
3 *Ibid.*, p. 99.

Bao Vuong, artiste de série noire

ALEXANDRE CROCHET

La mer, le ciel, le noir. C'est avec ces motifs à la fois infinis et limités et cette palette austère que Bao Vuong a entrepris un voyage au long cours depuis plusieurs années, créant une œuvre obsédée et obsédante, aussi changeante et envoûtante que l'océan lui-même.

Les peintres, de Joseph Vernet à Claude Monet, en passant par l'art asiatique du XIXe siècle comme chez Hokusai, ont été nombreux à représenter la mer. Il n'est pas rare d'y voir un bateau que le pinceau de l'artiste confronte avec les flots paisibles ou tempétueux. Le navire luttant contre la tempête est d'ailleurs devenu un topos de la peinture de paysage marin. Quelques-uns, à l'instar du Russe Ivan Aïvazovsky ou du Britannique William Turner, ont su restituer avec brio les transparences sublimes et inquiétantes, ses jaillissements d'écume, son monde bleuté en mouvement.

Ce qui frappe d'emblée chez Bao Vuong, c'est la radicalité avec laquelle il s'est emparé de ce motif mille fois vu. L'artiste n'a pas choisi la facilité. Son approche intransigeante renouvelle le genre de la « marine ». En optant pour une eau noire, en faisant de sa peinture, toile après toile, un long voyage au bout de la nuit, Bao éteint la couleur. Il prive ainsi le spectateur du chatoiement de la mer, de ses subtiles et séduisantes variations de bleu-vert. Libérée de la lumière qui la fait surgir, la couleur disparaît.

Palette nocturne

En habillant de noir la mer, l'artiste confronte immédiatement le regardeur à une autre réalité de l'océan, qui n'a rien de pittoresque, rien d'enchanteur. La nuit, loin du soleil, de la baignade ou du cabotage, la mer redevient un monde inquiétant, dangereux, hostile, insondable… Dans sa peinture, Bao Vuong ressuscite les craintes ancestrales de chacun, la peur du noir, le mystère de la mer la nuit, des ténèbres. Et dans ses peintures, la nuit semble parfois sans fin, les jours semblables à des nuits. C'est le moment du départ sous couvert de la nuit, en cachette, du bateau de sa famille pour un ailleurs lointain et incertain…

L'artiste, tableau après tableau, a trouvé sa propre voie, singulière, faisant naître une sensation d'inconfort chez le spectateur, plongé dans une pénombre parfois éclairée par un rayon de lune, balloté sur des flots dangereux qui recouvrent toute la surface de la toile. Car pour accentuer encore la sensation d'être en mer, et brouiller les repères, Bao peint en *all-over*, créant des œuvres immersives encore accentuées par des formats généreux.

On pense à ces vers de Victor Hugo dans *Le Feu du ciel* :

> La mer ! Partout la mer ! Des flots, des flots encor.
> L'oiseau fatigue en vain son inégal essor.
> Ici les flots, là-bas les ondes ;
> Toujours des flots sans fin par des flots repoussés ;
> L'œil ne voit que des flots dans l'abîme entassés
> Rouler sur des vagues profondes.

Dans ses premiers tableaux, l'artiste s'était voulu plus explicite en représentant des visages de migrants ou… de noyés émergeant de l'eau, ou des bateaux. Puis il a enlevé les bateaux, les personnages. Bao aurait pu revisiter le *Radeau de la Méduse* de Théodore Géricault. Guidé par la radicalité, il a ôté tout élément trop descriptif de migrants pour mieux permettre une identification à eux. À travers cette ellipse, l'œil du spectateur et celui du migrant sur son esquif invisible se confondent. L'artiste, ce serait trop facile, ne nous désigne pas celui qui a entrepris cette périlleuse traversée : il nous met littéralement à sa place.

Bao Vuong
The Crossing CCXC
2024
Peinture à l'huile et acrylique, poudre de graphite et cire sur toile
190 × 220 cm

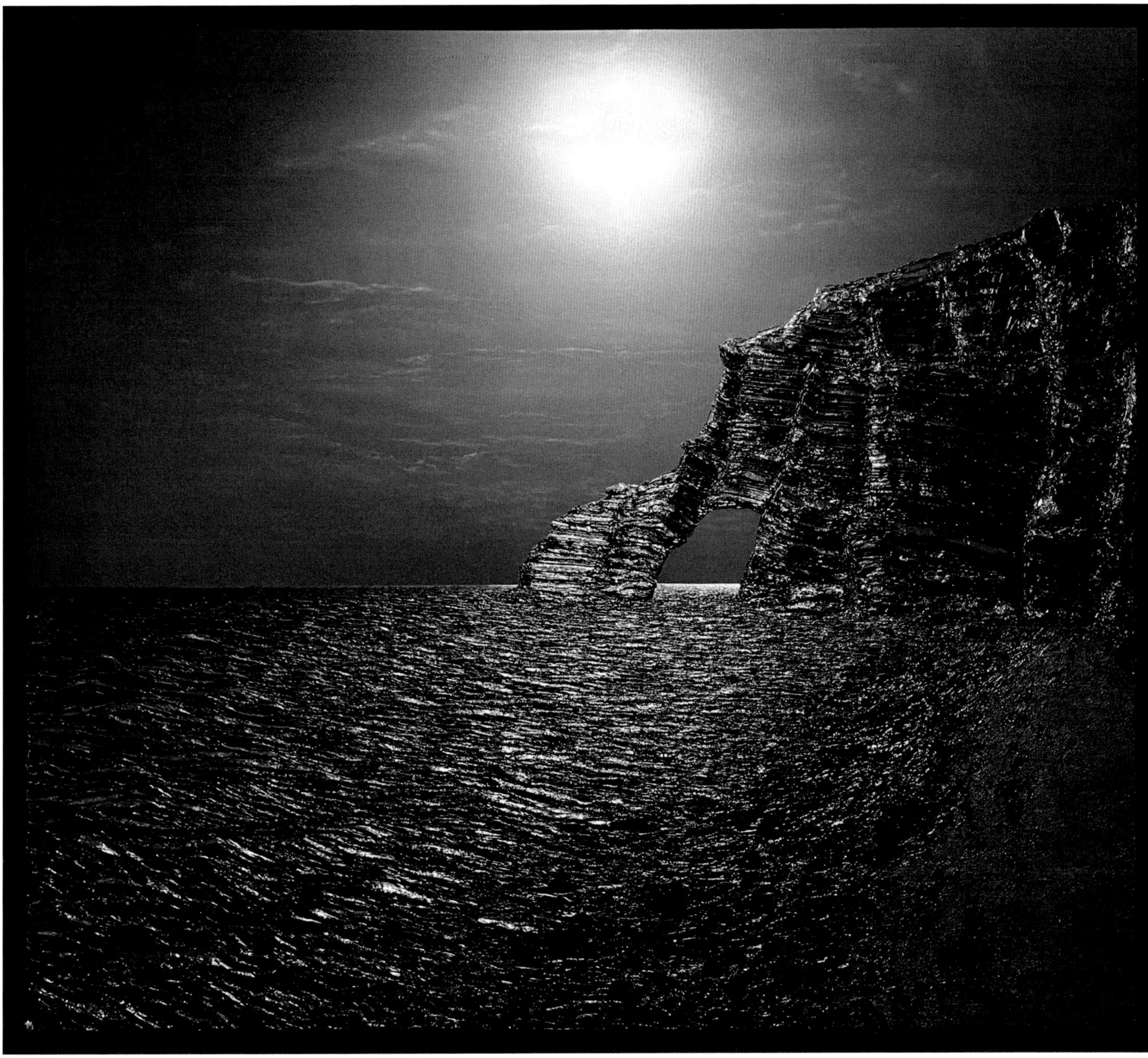

Maître du noir

Ils ne sont pas si nombreux, les artistes qui ont vraiment osé se frotter au noir, cette substance qui absorbe toutes les couleurs. Longtemps, le noir a été employé pour peindre un habit, suggérer un effet esthétique, une étoffe. Il incarne les ténèbres, le monde des ombres et des morts chez les peintres romantiques. Au xxe siècle, certains s'en emparent de manière plus expérimentale et plus radicale. Kasimir Malévitch, avec son *Carré noir sur fond blanc*, en a exploré la dimension abstraite et ses contrastes, tout comme plus tard Mark Rothko et son ultime et saisissante série des *Black Paintings* qui semble porter le deuil de l'artiste qui mourra de façon précoce... Richard Serra saura jouer avec ses nuances dans ses sculptures monumentales et minimalistes. Et bien sûr, Pierre Soulages s'imposera comme le maître de l'outrenoir, faisant sourdre la couleur dans les replis du noir.

Toutefois, Bao, lui, n'a pas choisi l'abstraction. Il a trouvé un chemin singulier, celle d'une figuration confinant à l'épure. Il réussit le prodige de se renouveler de toile en toile à partir d'une même matrice, et toujours autour du noir, dont il exprime mille nuances. Il faut s'approcher pour être saisi par l'épaisseur de la matière, la texture dense de ses vagues obtenues au couteau donnant un incroyable relief aux sombres flots. Comme s'il fallait faire corps avec ces flots changeants, leur donner encore plus de matérialité. Cette mer d'encre se pare de mille reflets de lumière sous les rayons de la lune.

Par contraste, l'artiste traite ses ciels avec une touche plus légère, plus en aplats. Ce ne sont d'ailleurs cette fois plus des noirs profonds mais des noirs plus lumineux, voire une palette subtile de gris rappelant *Black on Grey* de Rothko – la toile y étant partagée entre un monochrome noir et un monochrome gris mais le gris occupant la « place » prise ici par la mer – issue de sa série des *Black Paintings* citée plus haut.

Deux mondes se détachent ainsi clairement, celui d'en bas, maritime, et celui d'en haut, céleste. De plus en plus, les ciels de Bao Vuong s'éclaircissent, s'entrouvrent. Dans tant de religions et de mythologies, l'éther est considéré comme le séjour des dieux, du moins le lieu d'où ils se manifestent. Cette dimension spirituelle et mystique n'est pas absente dans le travail de l'artiste, qui introduit dans certaines peintures des feuilles d'or (*The Crossing CCXX*, 2024), à l'instar des fonds d'or des peintres primitifs ou de ceux de la Renaissance italienne qui en paraient les vêtements, renforçant ainsi le caractère sacré, ou même de la cendre d'encens ou des feuilles de prière sur panneau (*The Crossing CCLXXII, Hang Ma*, 2024), employées au Việt Nam dans des rituels religieux. Subtilement, l'artiste interroge aussi sur ce qui guide et soutient le voyageur dans ces longs moments de détresse et d'incertitude. Entre la mer ombreuse et l'univers céleste, une tension, une lutte, transparaît dans les peintures de Bao. Lutte entre le désespoir des ténèbres et l'espérance de la lumière... Cette dimension mystique qui imprègne nombre de toiles transparait encore de façon symbolique dans *The Crossing CCXC* de 2024 semblant montrer les falaises d'Étretat en Normandie et l'aiguille creuse rendue célèbre par Maurice Leblanc et son héros Arsène Lupin. Cette arche dans le rocher qui laisse passer les flots marins, « c'est franchir un seuil, un au-delà, attiré par la lumière mystique que j'ai représentée derrière. Mais on a encore pied sur le rivage. Il faut avoir la force de franchir ce seuil », confie l'artiste.

Perspectives

Dans certains tableaux (*The Crossing, Derrière les vagues I et II*, 2025), l'artiste adopte le format du tondo qui était tantôt rond ou ovale, et très employé à la Renaissance chez les grands peintres italiens. Mais ne serait-ce pas aussi un clin d'œil à la forme de la terre, de la planète ? Ainsi qu'une allusion à ce que l'on observe dans une longue vue, outil si précieux aux anciens navigateurs qui s'écriaient : « Terre en vue ! »

Justement, Bao représente rarement la terre, le rivage, dans ses peintures. On l'aperçoit dans *The Crossing CCXXX, The Night of Departure IV*, 2024. Une fois encore, c'est le regard de ceux qui partent qui est suggéré ici en montrant cette grève vide face à l'eau noire. Le rivage du départ. Que laisse-t-on derrière soi, qu'emporte-t-on mentalement avec soi quand on part ? Le bout de rivage ne représente donc pas le but à atteindre mais la terre qu'on a quittée. « Tout un chemin, un trajet a déjà été parcouru, et on peut en être fier ! On vit tous notre traversée », explique l'artiste, suggérant la dimension métaphorique de ses toiles sur la traversée humaine, et ce qu'on est prêt à accomplir...

Plusieurs lectures sont ainsi possibles face aux toiles de Bao. L'une, plus littérale, sur le sort des migrants partout sur les mers du globe, et un message : dans cette – invisible – embarcation de fortune, c'est nous. Un message humaniste, universel, atemporel. Drapée de noir, la mer est en deuil, portant la mémoire des naufragés qui ont tenté de téméraires traversées, des mers asiatiques à la Méditerranée. L'artiste alerte ainsi sur les dangers du voyage, ses difficultés... L'eldorado n'est parfois pas au bout du trajet. L'autre, plus intime et métaphorique, sur la traversée de chaque individu, traversée de la vie ou épreuves à surmonter. Si le travail de Bao bouleverse, c'est pour tout cela.

Tout a commencé pour Bao par une nuit noire.

Avant que, devenu artiste, peu à peu, toile après toile, il ne dissipe tout doucement les ténèbres, et fasse naître la lumière. Monumentale et intime à la fois, son odyssée contemporaine en forme de retour aux sources peut-elle vraiment connaître une fin ?

Bao Vuong
The Crossing CCLXXII, Hang Ma
2024
Peinture à l'huile, feuilles de prière, résine sur panneau
171 × 146 cm

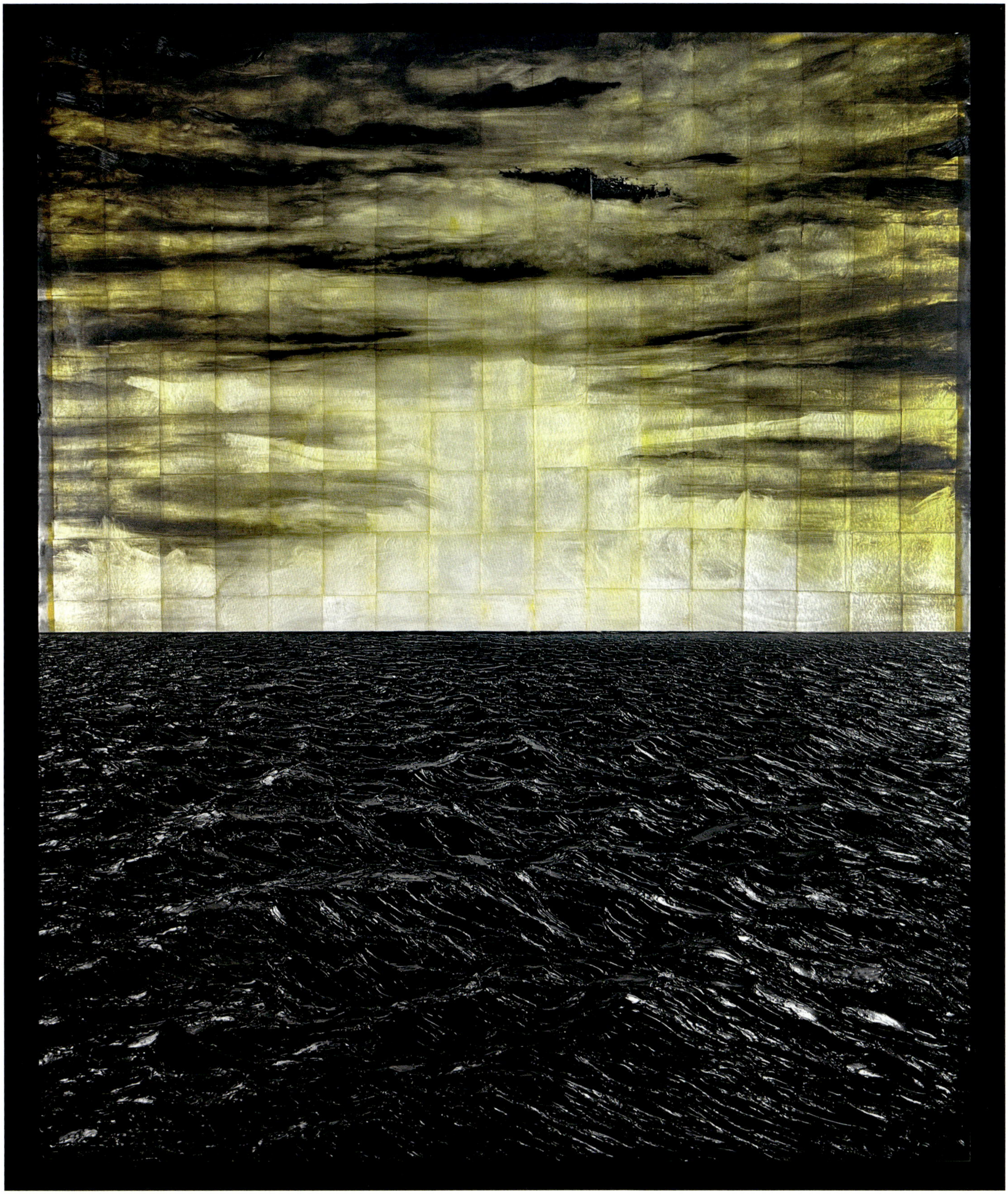

Les identités traversées

MARIE TERRIEUX

En ce mois de juin 2024, peu de temps après l'annonce d'une dissolution, je traverse Paris en train et en métro. Sur mon chemin, une amie érudite qui a passé deux décennies en Chine me conte les lorettes du 9e arrondissement. J'apprends que ces jeunes femmes du XIXe siècle, installées dans le quartier de la Nouvelle Athènes – située entre la rue saint-Lazare et la rue des Martyrs – débarquaient de l'ouest français afin de conquérir la gent masculine et d'en tirer alors une vie meilleure. À mon tour de prendre le chemin de fer, vers Argenteuil cette fois, en direction de l'atelier de Bao Vuong, artiste français d'origine vietnamienne, que j'ai rencontré quelques mois plus tôt chez le galeriste Hadrien de Montferrand. J'y ai découvert sa peinture sombre et épaisse racontant des flots, des vagues, des horizons, des voyages. Dans le compartiment, nous sommes nombreux, des femmes, des hommes, des enfants, de tout genre, aux visages multiples, aux vêtements variés, aux langages riches. C'est la fin de l'après-midi, le retour d'un labeur pas forcément plaisant pour certains. Tout le monde est calme, un peu sonné peut-être. Arrivée à la gare je marche 15 minutes dans des ruelles et j'atteins alors l'espace de travail de Bao Vuong, chaleureusement accueillie par l'artiste et ses deux assistants, le premier est Chinois, le second Ukrainien.

Pourquoi introduire l'œuvre de Bao Vuong, de manière si peu orthodoxe, revenant sur un petit voyage francilien, aux allures anecdotiques ? Peut-être parce qu'il semble nécessaire d'aborder son travail à travers la question de la traversée, que celle-ci est constitutive de son histoire et par là même de son œuvre, et qu'elle fait écho aux traversées multiples, géographiques et personnelles qui sont le propre de l'homme depuis toujours. Ces traversées, n'en déplaisent à certains, nourrissent et façonnent nos réalités et nos imaginaires. Elles nous offrent des directions multiples. Une traversée, quand elle est possible, peut mener à une forme de liberté.

La traversée de Bao Vuong démarre à l'aube des années 1980, quand ses parents natifs du Việt Nam embarquent sur un bateau pour s'exiler loin de leur pays en proie à la guerre civile. L'exode dure onze mois, l'enfant a à peine une année, sa mère n'en parle pas, ils sont nombreux à faire acte de résilience, boat people ou autres rescapés. Mais comme dans toute famille, l'histoire et la mémoire du groupe, silencieuses, se manifestent à un moment donné par des signes, qui ici ne relèvent pas de l'oralité mais de la peinture.

Jeune homme, Bao Vuong s'engage dans une formation artistique en intégrant l'École des beaux-arts de Toulon (1999) puis celle d'Avignon (2001). Il y explore diverses pratiques dont des installations. Les sujets de la mémoire et de l'héritage familial se dessinent dans ses œuvres en résonnance inconsciente avec l'histoire du Việt Nam... début d'une quête identitaire peut-être. En parallèle de ses premiers pas d'artiste en territoire méditerranéen, les avant-gardes vietnamiennes se mettent en mouvement dans son pays de naissance. On pense à des artistes comme Trương Tân, Nguyễn Minh Thành, Đỗ Hoàng Tường ou Đinh Ý Nhi qui, à travers une variété de projets, performances en milieu rural, réemploi de matériaux traditionnels, toiles lacérées, affirment des langages très audacieux dans le contexte géopolitique et social de l'aube des années 2000. Quant à Bao Vuong, il est à la croisée de plusieurs cheminements : il met entre parenthèse sa jeune carrière, la reprend en partie dans les années 2010 et assume totalement ses actes à partir de 2017, installé à cette période au Việt Nam depuis 2012. Le temps a du bon parfois. Dans le redémarrage de son parcours, ou son envol devrait-on dire, on peut observer aussi sa série *Import-Export*, délicates sculptures façonnées à partir de galettes de riz. Il applique celles-ci sur les visages d'amis ou de participants au projet. Les formes qui en découlent, tels des masques fragiles, font référence aux *Công Binh*, ces hommes enrôlés de force par l'administration coloniale. Sous l'apparente finesse de l'œuvre, se lit une double réflexion : celle du déplacement forcé ainsi que celle de l'âpreté des métiers rattachés à la culture du riz exercés par un pan de la population. Arrêtons-nous également sur la performance *Nước*, réalisée en 2019 à l'espace d'art Manzi à Hà Nội. L'artiste y met son corps à rude épreuve, s'enferme dans un espace, au défi de la déshydratation et de l'obscurité, rejouant les conditions extrêmes de la longue traversée du petit enfant embarqué par sa mère au côté de sa fratrie, sur un bateau de fortune, faisant de lui un boat people.

Cette traversée maritime, départ nocturne, au sein d'une eau sombre et terrifiante jaillit sur la toile à près de 250 reprises, comme un exercice cathartique. Nous sommes dans la répétition de la couleur noire, de l'épaisseur de la matière telle un magma visqueux qui nous engloutirait dans ses entrailles. La série *The Crossing*, démarrée en 2017, exprime quarante ans plus tard une blessure mais aussi un processus de réparation et peut-être une forme de renaissance. C'est le goudron qui sera utilisé dans un premier temps, rugueux, à l'odeur forte, évocation directe de la cale du bateau et de son moteur. Ces océans déchaînés, violents, laissent doucement la place à des paysages où la ligne d'horizon s'éclaire, où l'aube se profile. Si plusieurs périodes composent ces tableaux, notons une évolution dans les formes, avec des tondos en référence à un art occidental classique, mais également des silhouettes qui sont à la fois une évocation des autels dans les temples bouddhistes et des retables dans les églises catholiques. Le travail de Bao Vuong porte en lui une dimension spirituelle, une quête. Observons dans une de ses toiles récentes l'usage de la feuille d'or ornant les papiers de prière *hàng mã*, brûlés en l'honneur des ancêtres ou des défunts. Introduits ici comme des cieux dorés, ils augurent un avenir lumineux. Quand bien même les traversées de l'artiste ne sont ni abouties, ni figées, mais dans un processus d'impermanence, Bao Vuong révèle à nos yeux les multi-strates de son histoire, de nos chemins, aux cultures, géographies, et iconographies variées. L'artiste puise dans l'histoire familiale les silences qu'il couche sur la toile, et s'adresse en miroir à nos trajectoires personnelles et universelles.

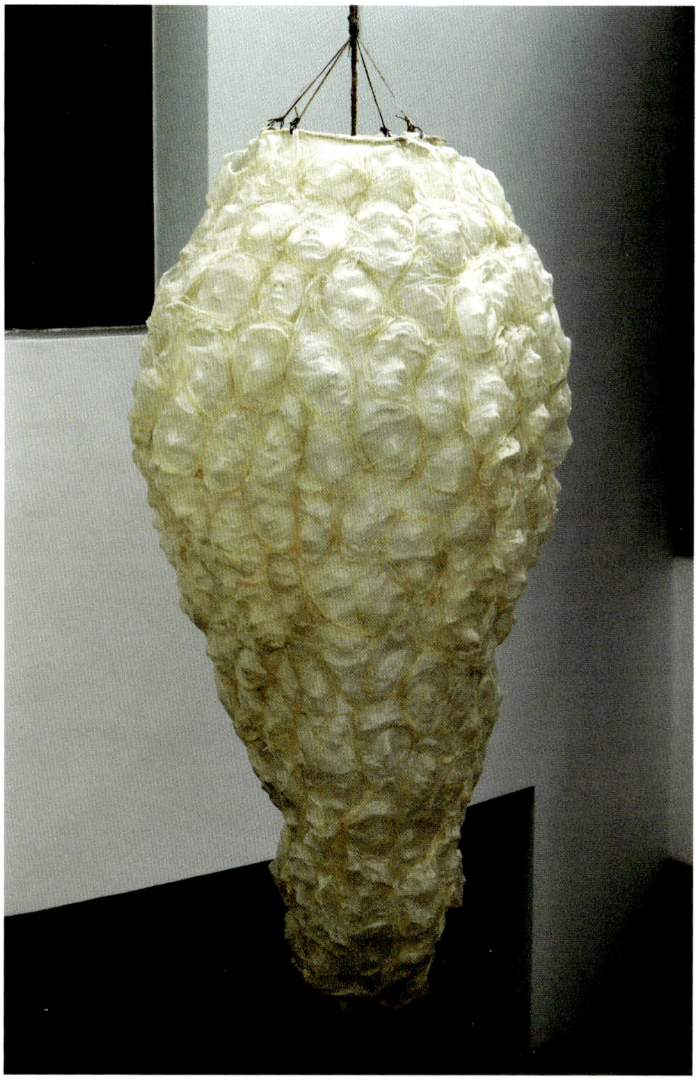

Bao Vuong
Import-Export 3
2016
Galettes de riz
230 × 120 cm

Aux bords de la nuit

MATHIEU DUFOURG

La nuit tombe tôt, à Hồ Chí Minh-Ville. Dès la fin de l'après-midi, les lumières des scooters vrombissants s'allument les unes après les autres et se mettent à clignoter au fil des croisements, sans éblouir encore l'œil qui s'accoutume à la pénombre. Mais la nuit, surtout, tombe vite, aussi vite que va la ville qui s'agite. Le jour est passé si rapidement, et, dans la touffeur d'avril, dans ce qui n'est pas encore tout à fait le soir mais déjà l'obscurité, les lumières deviennent de plus en plus perçantes, presque agressives. Il est encore tôt, et je suis déjà en retard, mais je connais bien le chemin qui mène à cette galerie de la rue Đồng Khởi, que mon oncle appelle encore la rue Catinat, je connais bien la galerie où se tient le vernissage auquel je me rends, les escaliers qui y montent, les commerçants du rez-de-chaussée, je connais bien ce qui attend là-haut les spectateurs invités comme moi. Dans la touffeur de ce soir d'avril 2017, sur le mur blanc, à droite, à l'entrée de la Galerie Quynh, rue Đồng Khởi, à Hồ Chí Minh-Ville, est accrochée parmi des installations sonores et bigarrées, face à des tableaux colorés, une œuvre singulière qui surprend les personnes déjà présentes, qui attache leurs yeux passés de la clarté à la nuit en quelques instants, qui brille de toute sa profondeur et se détache en mille reflets obscurs : une peinture noire, exposée pour la première fois, *The Crossing*. Sans que personne ne le sache, ni moi, ni les spectateurs, ni même son auteur, une longue série de tableaux vient de voir le jour.

2004
Je guette à la sortie de l'aéroport de Roissy-Charles-de-Gaulle l'arrivée de Bao. Nous nous connaissons depuis peu, pas tout à fait deux ans. Je lui ai proposé d'aller le chercher en voiture après son long voyage et de le ramener à Paris.
Je suis curieux de l'entendre, curieux qu'il me raconte, mais je ralentis peu à peu le rythme de mes questions devant ses réponses courtes et rêveuses. Le décalage horaire, sans doute. Aussi : la fatigue de ce long vol. Sûrement : regretter de rentrer dans le froid à Paris. Peut-être : l'émotion. À coup sûr : tout ce que je ne peux pas comprendre à ce moment-là, tout ce que lui-même cherche à comprendre, à formuler. C'était la première fois qu'il retournait dans son pays natal. C'est la deuxième fois qu'il le quitte. La première fois, il avait 1 an. Cette fois-ci 26.
Je l'aide à monter ses valises dans l'appartement sous les toits. Je le laisse tranquille. Il n'a pas l'air triste. Ce n'est pas de la tristesse. Il me dit qu'il a besoin de silence, de se retrouver, seul. Les jours passent et je sens qu'il n'est ni ici, sous les toits de Paris, ni là-bas, au Việt Nam qu'il vient de retrouver, de re-connaître.
Je le laissais, plongé dans ses souvenirs, à fleur de peau, naviguer les méandres d'une mémoire enfouie.

Đạt, Tố Lan, Long, et d'autres membres du collectif Sao La ont depuis quelque temps transformé leur lieu de travail et de vie en bar, où l'on peut se rendre à partir de la fin de la journée. Pour gagner de l'argent, ils ouvrent au public et à leurs amis cet atelier d'artiste et lieu d'expositions confidentielles. Niché dans le dédale des étages d'un immeuble étroit de la rue Nguyễn Công Trứ, tout près des rues aux noms si français de Yersin et Calmette, l'endroit est à la croisée des mondes. Les gens ici sont de toutes les origines, la plupart artistes, mais pas seulement. On y parle vietnamien, anglais, français, espagnol, on y boit ... vietnamien uniquement, de l'alcool de riz qui vient du Nord. Je fréquente ce bar depuis quelques semaines, découvrant Hồ Chí Minh-Ville sous un nouveau jour, différent de ce que j'avais rencontré dix ans auparavant lors de mon premier séjour. Ce soir Bao m'a invité à l'accompagner pour une raison précise : Tố Lan lui a demandé de lui montrer un de ses derniers travaux. Je l'aide donc à transporter une des épreuves de recherche qu'il est en train de réaliser dans son atelier, un petit tableau tout noir que j'avais aperçu quelques jours auparavant. Je bois de l'alcool de riz avec des amis, quand Bao m'interpelle, l'air à la fois excité, inquiet, apeuré, amusé, je ne sais pas dire, mais en tous cas fébrile : Tố Lan lui propose de participer à l'exposition collective qu'ils sont en train de monter pour la célèbre Galerie Quynh. Et ce n'est pas ce petit tableau pas vraiment abouti qu'elle veut. Elle en veut un grand, pour le mur blanc à droite de l'entrée de la galerie. Bao me dit qu'il veut rentrer chez lui, vite. Il faut que demain à la première heure il aille acheter un châssis et de la peinture. De la peinture noire. Beaucoup de peinture noire. Le vernissage est dans trois semaines.

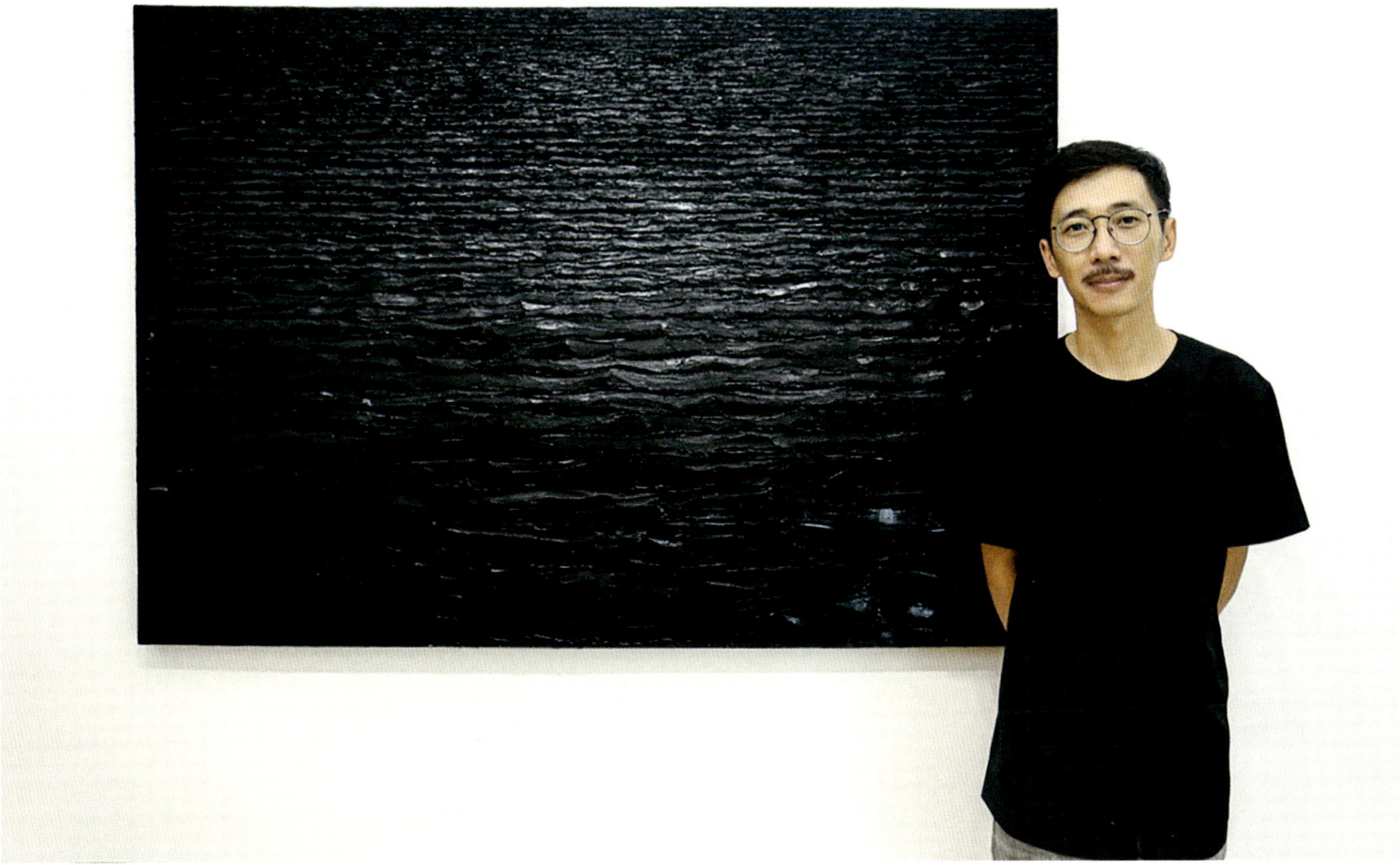

Bao Vuong et *The Crossing* à la Galerie Quynh, Hồ Chí Minh-Ville, 2017

2007

C'est la deuxième fois que Bao retourne dans sa famille au Việt Nam. Avec sa mère et deux de ses sœurs. Il me propose de les accompagner.

Plongé dans cette chaleur et accueilli dans cette famille si nombreuse, si haute en couleur, si joyeuse, si énergique, dans cette culture qui me fascine depuis toujours, je me baigne dans cette Asie dont je ne connaissais alors que les neiges ensommeillées de l'Himalaya, je m'enivre de bière à la glace, d'alcool de riz, de bouillons fabuleux, de porcs entiers laqués et de fruits inconnus pendant de longues semaines avant de comprendre ce que je n'avais pas entraperçu et qui aurait dû me sauter aux yeux. Je communique avec les Vietnamiens tant bien que mal, surtout au moyen de plaisanteries et de mimiques avec les enfants, les oncles, tantes, et la grand-mère, mais je ne comprends pas un traître mot. Ce que je ne voyais pas, mais qui se faisait jour devant moi, c'est que Bao, lui, comprenait, bien sûr, mais pas tout. Mais pas très bien. Et que c'était dur pour lui de se faire comprendre. Les mots n'étaient pas tout à fait les mêmes. Des mots manquaient. Il avait grandi si loin, pendant presque trente ans. La langue qu'il parlait, ce que je pensais être du vietnamien, était sa langue à lui, à sa maman, à ses frères et sœurs. C'était leur vietnamien, leur vietnamien de Toulon. Et j'ai vu, peu à peu sortant de mon aveuglement, une blessure et un manque, et je comprenais, sous le soleil du delta, ce que je n'avais pas saisi à Paris lors de son premier retour.

Et si je savais que l'histoire de Bao avait des trous, des zones d'ombres, des inconnues, je voyais aussi cette gêne, ce malaise un peu de ne pas paraître complètement légitime dans son propre pays. Dans cette famille qui l'avait pensé mort, avec sa grande-sœur et sa mère, lors de leur fuite forcée et tragique. Cette fuite, cette traversée, dont nous n'avions jamais vraiment parlé, car si je connaissais l'Histoire et d'autres Vietnamiens, je me rendais compte que je ne connaissais pas la sienne. De cette traversée, de ce départ, je ne connaissais rien. Les mots manquaient, et l'histoire n'avait pas été dite.

On achète de la peinture noire. Beaucoup de peinture noire. Du siccatif, des pinceaux, des couteaux, et un grand châssis que je tiens tant bien que mal à l'arrière du scooter entre Bao et moi. Le vernissage est dans trois semaines. Il est très tôt, et nous regagnons Nguyễn Công Hoan dans le district de Phú Nhuận, où Bao habite une maison assez spacieuse pour y avoir un atelier. Je me transforme d'ami de passage à assistant. Mon premier rôle : l'aider à faire de la place, disposer la toile à l'horizontale, y tracer des traits au crayon selon des distances que nous avons calculées pour l'effet de perspective des vagues qui rétrécissent vers l'horizon. Mon second rôle : mélanger la peinture avec du siccatif. C'est la première toile de cette envergure à laquelle il s'attaque et sur laquelle il compte appliquer autant de matière. Et le temps est compté, la question du séchage est cruciale, déterminante. C'est le premier jour. Le début. Et si je sens Bao un peu anxieux, ce n'est pas de la panique, si je le vois douter, hésiter par moments, je le vois aussi suivre son chemin comme s'il le connaissait d'avance. Et je comprends. S'il ne sait pas encore vraiment comment faire, il sait ce qu'il fait, ce qu'il doit faire. Il est comme un acteur, ou un funambule qui a le trac jusqu'à mettre le pied sur la scène ou sur le fil, quand toutes les catastrophes sont envisagées, mais qui une fois dans la lumière, sait où il va, ce qu'il raconte, et où il met les pieds. Les jours passent, je m'absente de temps en temps visiter le pays. Le travail avance, sûrement, mais le séchage reste problématique. Quand je reviens, le tableau est quasi abouti, Bao en est aux retouches, et il a encore besoin de mon aide. Je me retrouve de nouveau couvert de peinture noire, et nous travaillons silencieux dans la chaleur étouffante de l'atelier, dans le bruit des ventilateurs qui vrombissent, poussés à fond pour faire sécher la toile, agitant les vapeurs âcres de peinture et de white spirit qui font tourner la tête.

1979

Le départ était prévu. Inéluctable. Mais la date inconnue. Il y avait des arrangements, il y avait eu des tractations. La mère de Bao ne voulait pas, elle, partir, quitter sa famille, son pays, le delta. Mais elle était mariée, et on suit son mari, l'avait prévenue son père. Inéluctable. Et sans crier gare, le moment, l'heure, est arrivé. C'était maintenant. Pas le temps pour les adieux. Pas le temps de dire au revoir. C'était l'exode. Cruel. Effrayant. Terrible.

Comme des centaines de milliers de personnes, au creux de la nuit, ils ont sauté sur une embarcation de fortune. Soumis au destin des exilés. Soumis à l'immensité de la mer et à tous ses dangers. À ses profondeurs insondables. À ses pirates.

Les pirates, un premier arraisonnement, dès le début de la fuite, ils volent, pillent, frappent, laissent l'esquif dériver sans le moteur qu'ils ont pris avec eux. La dérive, l'immensité. Bao a 1 an. Sa mère, enceinte de Diễm, est si jeune. Sa grande sœur Linh a 2 ans. Tapis dans la cale, dans les relents poisseux du goudron qui calfeutre la coque du bateau, c'est la soif qui s'ajoute à la faim. La soif. Puis il n'y a plus que cela : la soif. Des années plus tard, en 2019, Bao enregistrera sa maman lors d'une longue conversation où il lui pose toutes les questions qu'il avait sur cette traversée et cette année passée de bateaux en camps de réfugiés. « Est-ce que tu avais peur ? » « Peur ? Je n'avais plus peur. Je ne me souviens que d'une chose : la soif. Plus rien n'existait, il n'y avait que ça. Même pas la mort, seulement la soif. »

Et dans le vacarme des vagues, du ressac, des corps ballotés, un bruit soudain, précis. Puis un autre. Un bruit familier, mais presque oublié. Une goutte, puis une autre. Les nuages crèvent l'horizon, le ciel se déchire : il pleut. Ils allaient pouvoir boire. Et, au milieu de ces bruits inespérés, parmi les éclats de l'espoir retrouvé, un autre bruit, encore plus inattendu, et nouveau celui-ci, sort de la bouche d'un bébé : « Nước ! ». Bao avait parlé. Pour la première fois. « Nước ». Cela veut dire « eau », et « pays », en vietnamien. Il pleuvait. Ils partaient, mais ils n'allaient pas mourir.

« Nước ». Le premier mot.

Le tableau est achevé. Je nettoie l'atelier et m'arrête de temps en temps pour contempler la toile dont Bao cherche encore le titre. Et je lui pose une question, devant ce qui pour moi est autant une sculpture qu'une peinture : « Bao, pourquoi de la peinture noire ? Je veux dire, pourquoi uniquement de la peinture noire, et pas de blanc, de gris, d'autres matières ? » « C'est à cause du goudron, Mathieu. » Et je comprends. Le goudron. Je me souviens. Le goudron qui calfeutre les cales des bateaux. Une des rares choses qu'il avait entendues et qu'il m'avait racontée. Dans le bateau à la dérive, chaque adulte devait se relayer, dans la cale, pour écoper. Après l'agression des pirates, avant la soif, il y avait la nausée, au fond du bateau qui prenait l'eau. Là, au fond de la cale, dans la poisse de l'eau de mer à écoper, l'odeur du goudron vous faisait chavirer le cœur et les tripes. Sa mère l'avait raconté, ça. L'odeur entêtante du goudron quand elle devait prendre son tour en bas, pour écoper, écoper, et éviter que le bateau ne sombre.

2004
La voyage entre Hồ Chí Minh-Ville et Vĩnh Long prend quatre heures en voiture. La voie rapide prévue qui réduira le temps de trajet de moitié est loin d'être construite. Le vol a été long, et l'arrivée à l'aéroport intense. C'est toujours un choc, même quand on est habitué, de sortir du terminal de Tân Sơn Nhất dans cette chaleur humide. Et quand on n'est pas habitué, le vacarme et les cris des familles accueillant leurs proches sont saisissants. Plusieurs femmes qu'il ne connaît pas prennent Bao dans leurs bras dans une clameur insensée : ce sont ses tantes.
Les sœurs de Bao dorment dans le minibus qui les emmène dans leur ville natale. À l'avant sa mère discute à bâtons rompus avec ses sœurs à elle. Elle est revenue, sa maman, plusieurs fois. Et elle a fait construire une maison, fruit d'années de labeur incroyables et d'un courage qui ont toujours forcé mon admiration. Bao et ses sœurs vont découvrir cette maison tout juste sortie de terre, leur maison. Assis à l'arrière, Bao est éveillé, suspendu à ces paysages et à ces bruits qui lui semblent inconnus.
Des mots se détachent de la conversation à l'avant du véhicule, dans ce vietnamien du delta assez particulier, dont Bao ne connaît pas encore l'accent. Quelques mots se détachent qu'il comprend, une histoire est racontée qu'il entend, qu'il ne connaît pas, qu'il n'a jamais entendue, qui n'a jamais été dite.
C'est le début de son histoire, le début de l'exil : le récit de la nuit terrible où en quelques minutes ils ont fui, après des adieux abrupts, la famille si nombreuse qui reconstruisait une vie au sortir de la guerre.
Cette histoire, qu'une fois rentré à Paris il n'avait pas pu ou pas su me raconter.
L'histoire de la nuit où sur un bateau de fortune ils ont dû prendre la mer.

L'exposition est terminée. Les artistes remballent leurs œuvres, expédient leurs installations. Je suis dans la galerie en répétition avec un chorégraphe et deux danseuses pour une performance à laquelle je participe dans quelques jours. Bao arrive et je l'aide à emballer *The Crossing*. Nous plaisantons et repassons en revue ces dernières semaines écoulées, depuis l'annonce inattendue de cette exposition jusqu'à aujourd'hui, ces semaines stressantes, laborieuses, palpitantes, et gratifiantes aussi. Bao rapporte le tableau à l'atelier afin qu'il finisse de sécher. Je suis loin de me douter de l'aventure qui commence pour eux deux, et que cette toile croisera de nouveau mon chemin aussi souvent, sur les deux continents.

2018
Un an a passé, je suis de nouveau de passage à Hồ Chí Minh-Ville. Quelqu'un vient d'acheter The Crossing. *Bao doit l'apporter chez sa nouvelle propriétaire pour l'accrocher, et me demande de venir chez lui pour l'aider à déplacer son œuvre. Nous attendons un taxi sous le soleil brûlant, et je pense voir la toile pour la dernière fois.*

2021
Bao habite désormais à Paris. Et moi à Hồ Chí Minh-Ville. Je suis invité chez Akiko, qui fête son départ de la ville pour le Japon. C'est elle qui a acheté The Crossing *pour son mari. Je passe la soirée chez elle, je dîne et danse devant ce tableau, devant cette présence si familière.*

2025
Bao habite désormais à Bruxelles. Et moi de nouveau à Paris. Nous sommes chacun invités chez Jean-Philippe, à qui Akiko avait offert le tableau. Je les retrouve, encore une fois, ces deux vieux amis, à dix-mille kilomètres de leur lieu de naissance.

« C'est dans cette blessure – inguérissable puisqu'elle est lui-même – et dans cette solitude qu'il doit se précipiter, c'est là qu'il pourra découvrir la force, l'audace et l'adresse nécessaire à son art », écrit Jean Genet dans *Le Funambule*. C'est la phrase qui me vient à l'esprit, cette nuit de 2017, en descendant l'escalier de la maison sur Nguyễn Công Hoan où je laisse Bao dans son atelier se mettre à l'œuvre, et enfin pouvoir dire son histoire, son histoire retrouvée, en sculptant le noir jusqu'au petit jour, et même beaucoup plus tard, car le jour se lève tôt, à Hồ Chí Minh-Ville.

Interview de Bao Vuong

KIM CHI PHO
Article publié dans *Argument*, n° 12, avril 2025

Bao Vuong est originaire du Việt Nam.
Il est arrivé en France, avec sa famille, à l'âge d'un an, comme réfugié politique.
Puis il a étudié à l'École des beaux-arts de Toulon et à celle d'Avignon.

[...] Pouvez-vous expliquer le fil d'Ariane de vos dernières expositions ?
Mon fil d'Ariane pourrait, si vous me permettez ce jeu de mots, être qualifié de fil de l'eau. Mon travail repose sur une exploration intime et universelle de thèmes tels que la mémoire, l'exil et la résilience, à travers des paysages marins nocturnes. Ces éléments m'accompagnent dans une quête artistique où l'eau devient métaphore de la traversée, de l'épreuve et de la transformation. Voici comment cette évolution se traduit dans les cinq expositions solos que j'ai réalisées avec la galerie A2Z au cours des quatre dernières années :

The Crossing (2020)
Cette série plonge dans l'obscurité totale, reflétant les traumatismes des *boat people,* dont je suis issu. Les monochromes noirs sculptés au couteau matérialisent des émotions lourdes et les épreuves vécues par ceux qui traversent des moments critiques de leur existence. C'est une exploration brute et viscérale de la mémoire et de l'exil.

Coming Through (2021)
Ici, j'ai introduit des éclats lumineux dans l'obscurité, symbolisant la résilience. Ces œuvres racontent le cheminement intérieur nécessaire pour surmonter les obstacles, une traversée où la lumière et les ténèbres cohabitent dans une tension créative.

Horizons (2022)
Avec cette série, j'ai voulu explorer davantage la spiritualité en intégrant des cendres d'encens dans mes toiles. Ces cendres évoquent le lien entre les vivants et les morts, tout en questionnant l'invisible et l'impermanence. C'est une réflexion poétique sur la mémoire et le sacré, à la fois personnelle et universelle.

Nước (2023)
Ce mot vietnamien, qui signifie à la fois « eau » et « pays », m'a permis de renouer avec mes racines. Dans cette exposition, l'eau devient un symbole de vie, de migration, et de lien ancestral. Elle relie l'intime à l'universel, tout en explorant la force des traditions et leur impact sur notre identité contemporaine.

Beyond the Nights (2024)
Cette série marque une étape importante dans mon parcours, où la lumière prend enfin le dessus sur l'obscurité. Les teintes argentées et lumineuses évoquent une renaissance, une ode à l'espoir, et une célébration du courage face aux épreuves.
En résumé, mon fil conducteur est une recherche continue sur la manière dont l'obscurité et la lumière se répondent. L'eau, omniprésente dans mon travail, devient à la fois métaphore et matière pour raconter ces histoires. Mon objectif est de toucher à l'universel à travers une histoire qui m'est personnelle, familiale, qui invite à la contemplation et à la réflexion sur notre condition humaine.

Lors d'Art Basel Paris, un collectionneur a déclaré que vous étiez désormais associé à des figures comme Malévitch, Rothko ou Soulages. Que pensez-vous de cette prévision ?
C'est un immense honneur d'être cité aux côtés de tels géants de l'art. Cependant, je ne me vois pas comme un successeur, mais comme quelqu'un qui s'inscrit dans une recherche différente. Les artistes que vous mentionnez – Malévitch, Rothko et Soulages – ont chacun exploré des territoires uniques : la quête de pureté formelle chez Malévitch, l'immersion émotionnelle chez Rothko, et le rapport subtil entre le noir et la lumière chez Soulages, qu'il qualifie lui-même d'« outrenoir ».
De mon côté, si je partage cette fascination pour la lumière et l'obscurité, ma démarche est plus narrative et métaphysique. Là où Soulages invite à percevoir la lumière qui émerge du noir, mes œuvres cherchent à raconter des histoires, à évoquer des traversées émotionnelles et existentielles. Mes tableaux jouent avec cette frontière entre ténèbres et lumière, non seulement pour capturer

une beauté changeante, mais aussi pour permettre aux spectateurs de se projeter, d'y trouver leurs propres récits et leur propre lumière intérieure.

Le jeu de lumière dans vos œuvres est inédit. Êtes-vous l'inventeur de cette technique ?

Je ne dirais pas que j'en suis l'inventeur, mais cette technique est le fruit d'une recherche profondément personnelle. J'ai commencé par peindre de manière conventionnelle, en utilisant la peinture à l'huile pour représenter des scènes de mer avec des bateaux et des boat people. À l'époque, je travaillais en noir et blanc, en appliquant des couches épaisses. J'ai rapidement remarqué que la peinture noire, utilisée seule, sans mélange avec du blanc, reflétait la lumière de manière fascinante grâce à son aspect huileux, créant un effet lumineux subtil et suffisant.
Cependant, les expositions de ces œuvres ont été censurées en raison des sujets qu'elles abordaient. Pour contourner cet interdit, j'ai pris la décision d'éliminer les éléments figuratifs potentiellement controversés, comme les migrants à l'horizon, et de ne laisser que la mer et le ciel. Ce changement radical a transformé la perspective : ce n'est plus une scène vue de loin, mais une immersion totale. Le spectateur devient alors celui qui se tient sur le bateau, face à une mer immense, symbole d'une épreuve à surmonter.
En sculptant la matière avec un couteau, je crée des reliefs qui capturent et reflètent la lumière de façon dynamique, presque vivante. La lumière change en fonction de leur position et de leurs mouvements, oscillant entre la densité « douloureuse » des vagues, les vents et les éclats lumineux du ciel, porteurs d'espoir et de salut. Mon intention est d'établir une relation intime entre l'œuvre et celui qui la regarde, une sorte de dialogue où la lumière devient autant émotion que matière.

Dans vos toiles, si je pose mon regard où le ciel touche la mer, tout bascule. Est-ce intentionnel ?

Absolument. Cette ligne d'horizon est une métaphore essentielle dans mon travail. Elle représente une frontière à franchir, une ligne à dépasser, mais également la promesse d'un ailleurs. C'est un point de bascule entre deux mondes : le ciel, symbole d'élévation, de légèreté, et la mer, profonde, dense, presque solide dans mes tableaux. Là où ces deux éléments se rencontrent, j'y vois une transition, un moment suspendu. Cela évoque également une transformation, comme celle de l'eau qui passe de l'état solide à gazeux par sublimation, un processus qui m'a toujours fasciné. Cette idée de transformation dépasse le simple phénomène physique : elle reflète les métamorphoses intérieures que nous traversons face à des épreuves, des passages, des voyages.
Mais cette ligne d'horizon est aussi une illusion, un espace imaginaire qui recule à mesure qu'on s'en approche. Elle incarne nos rêves et nos aspirations, ces « ailleurs » que nous projetons pour avancer. Qu'ils soient atteignables ou non, ces horizons sont indispensables à notre humanité. Ils nourrissent notre capacité à espérer, à croire en des possibles, et finalement, à survivre face aux tumultes de la vie.

Vos œuvres voyagent dans le monde entier. What's next ?

Je souhaite poursuivre le dialogue avec des publics variés à travers le monde.
En 2025, une exposition majeure au musée départemental des arts asiatiques à Nice me permettra d'approfondir des thèmes tels que la mémoire, la résilience et la spiritualité, dans un cadre muséal propice à l'immersion et à la contemplation poétique.
En parallèle, je développe au Việt Nam le projet itinérant « Hang Ma Museum », en collaboration avec l'Institut français de Hồ Chí Minh-Ville et les étudiants de l'université des beaux-arts. Ce projet réinterprète les rituels ancestraux du *hàng mã* – consistant à brûler des objets votifs pour les défunts – à travers une installation artistique éphémère. En intégrant tradition et innovation, il m'offre l'occasion de transmettre mon savoir-faire, de collaborer avec d'autres artistes vietnamiens à travers plusieurs villes, et de retrouver une partie de ma vie liée à l'enseignement et à la formation. Ce dialogue intergénérationnel enrichit à la fois les étudiants et moi-même, mêlant création contemporaine, mémoire culturelle et échange humain.
Enfin, je réfléchis à l'introduction de nouveaux médiums et éléments dans mon travail comme la tôle (comme trace des bidonvilles des camps de réfugiés), la couverture de survie, le gel transparent… Intégrer des matériaux différents, des technologies interactives ou des formes d'expression nouvelles me permettrait de pousser encore plus loin les possibilités narratives et sensorielles de mes œuvres, tout en restant fidèle à l'essence de mes thématiques. Cette démarche est guidée par une envie constante de renouvellement et de découverte qui est propre à ma formation de plasticien et non pas de peintre. Chaque projet, qu'il s'agisse d'une exposition, d'une

installation ou d'une collaboration, représente une étape d'un voyage plus vaste, où je cherche à tisser des liens entre les histoires personnelles et les récits universels. Mon objectif est d'explorer ce qui nous unit en tant qu'humains à travers des expériences partagées de mémoire, de résilience, de l'ailleurs et de spiritualité.

Pensez-vous que la nouvelle génération d'artistes vietnamiens atteindra la notoriété de leurs anciens ?
Je crois que l'art vietnamien contemporain a énormément à offrir, que ce soit au pays ou à l'étranger. La nouvelle génération explore des thèmes profondément enracinés dans notre culture tout en adoptant une vision globale. Leur succès dépendra de leur capacité à équilibrer tradition et modernité, tout en trouvant leur propre voix. Et le monde, aujourd'hui plus que jamais, est prêt à les écouter.
Prenons l'exemple de Suboi, une artiste que je connais personnellement et qui est une figure majeure du hip-hop au Việt Nam. Avec son style unique et son parcours atypique, elle a su faire entendre sa voix bien au-delà des frontières vietnamiennes. Elle incarne cette capacité à naviguer avec audace entre héritage culturel et modernité globale, en intégrant dans ses créations musicales des récits profondément personnels et des problématiques sociales, devenant ainsi une porte-parole de toute une génération en quête d'expression et de reconnaissance.
En art visuel, des artistes comme Danh Vo, connu pour ses installations conceptuelles explorant l'identité et l'histoire, ou Nguyen Phuong Linh, avec ses œuvres mêlant matériaux organiques et récits intimes, démontrent cette même ambition.
Cette nouvelle génération d'artistes, qu'ils soient musiciens ou plasticiens, réinterprète les traditions avec audace et pertinence. Ils redéfinissent ce que signifie être un artiste vietnamien aujourd'hui, tout en faisant rayonner notre culture sur la scène internationale. J'espère, à mon humble échelle, contribuer à ce mouvement. En tant qu'artiste de la génération post-guerre, je cherche à trouver cet équilibre entre modernité et tradition, une voie qui permet de dialoguer avec le monde tout en restant enraciné dans notre identité culturelle.
Je crois que cette démarche est essentielle pour les Vietnamiens d'aujourd'hui, qui aspirent à une mondialisation culturelle, mais qui, en raison des retards causés par les guerres, n'ont souvent pas bénéficié d'une éducation artistique contemporaine suffisante. L'art contemporain, avec toute sa diversité et sa richesse, peut être un pont – et non, comme beaucoup pourraient le percevoir, une coupure – entre modernité et héritage culturel. C'est à travers ce dialogue que nous, en tant qu'artistes, pouvons inciter les générations futures à s'approprier et réinterpréter l'art contemporain et à construire un avenir artistique très créatif et audacieux.

Pourquoi avoir partagé une photo avec votre mère au lieu de promouvoir votre exposition à la galerie Perrotin ?
Ma mère est mon ancrage.
Dans la société vietnamienne, en général, la famille est un pilier central, et ce sont souvent les mères qui en sont la pierre angulaire. Elles se lèvent les premières et se couchent les dernières, veillant sur chaque détail, souvent dans l'ombre, mais toujours avec une force inébranlable. Elles transmettent les valeurs fondamentales, soutiennent leurs proches et incarnent cette résilience silencieuse, mais essentielle.
Cette photo symbolisait ma gratitude envers elle, qui m'a porté, littéralement et métaphoriquement, à travers les épreuves – que ce soit lors de notre traversée en mer ou durant les débuts de ma carrière. Elle est mon inspiration de courage, et mon succès n'a de sens que parce qu'il s'inscrit dans une histoire familiale.
Pendant notre séjour à New York, où cette photo a été prise, je me souviens qu'elle m'a répété plusieurs fois : « Je n'aurais jamais cru qu'un jour, je verrais New York. » Née dans le delta du Mékong, enfant de paysans, elle a dû arrêter l'école en primaire. Ce jour-là, à la galerie, j'ai senti sa fierté pour son fils, et moi, j'étais fier d'elle. Nous deux, enfants des rizières et témoins de notre propre histoire, posions ensemble devant le tableau *The Crossing*, une œuvre qui raconte notre voyage – de l'ombre à la lumière, des rizières du Mékong à l'une des galeries les plus renommées de New York.

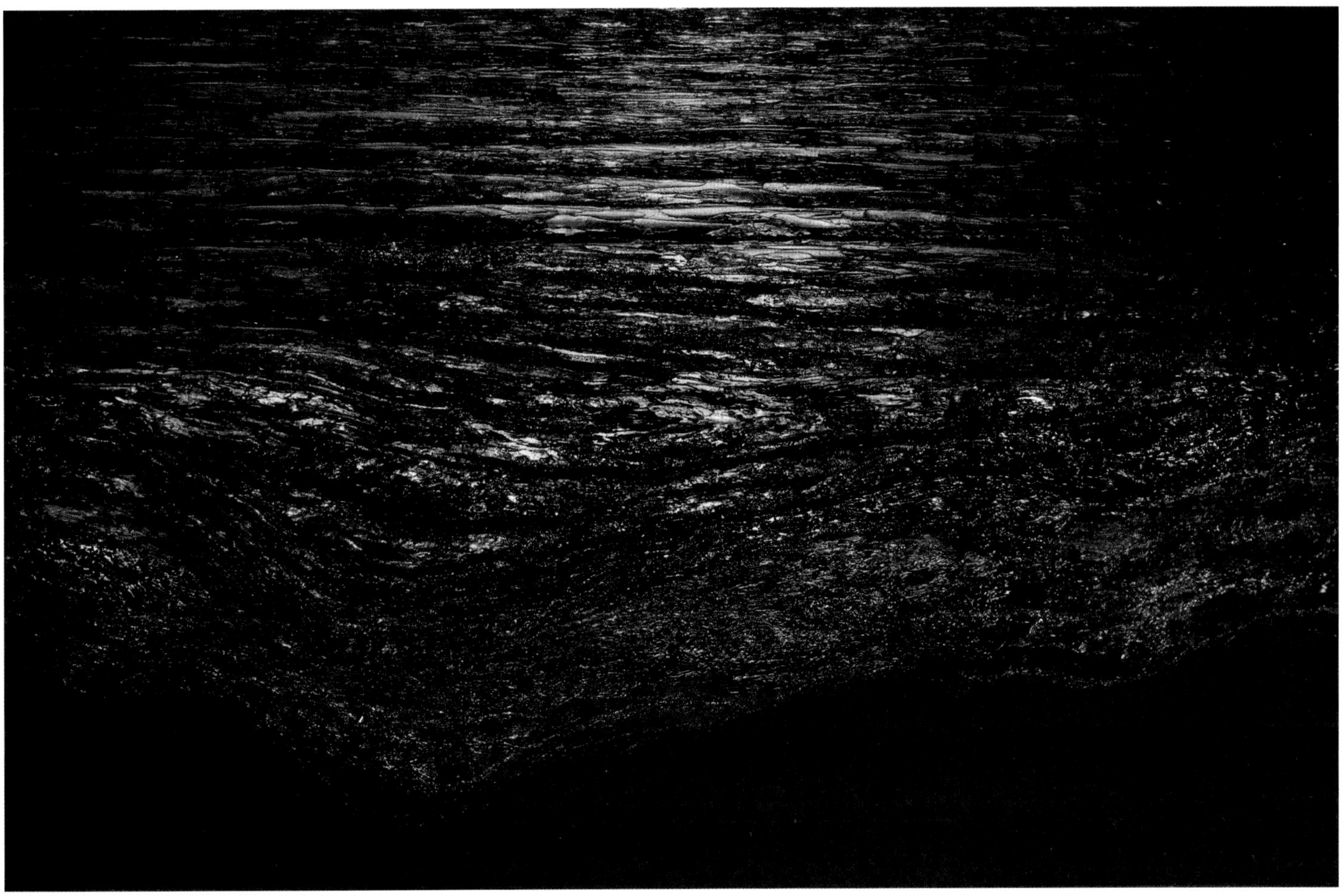

Bao Vuong
The Crossing, Pulau Bidong I
2020
Peinture à l'huile et acrylique, feuille d'or sur toile
97 × 146 cm

Bao Vuong
The Crossing XLIV
2021
Peinture à l'huile et acrylique, feuilles d'or sur toile
140 × 140 cm

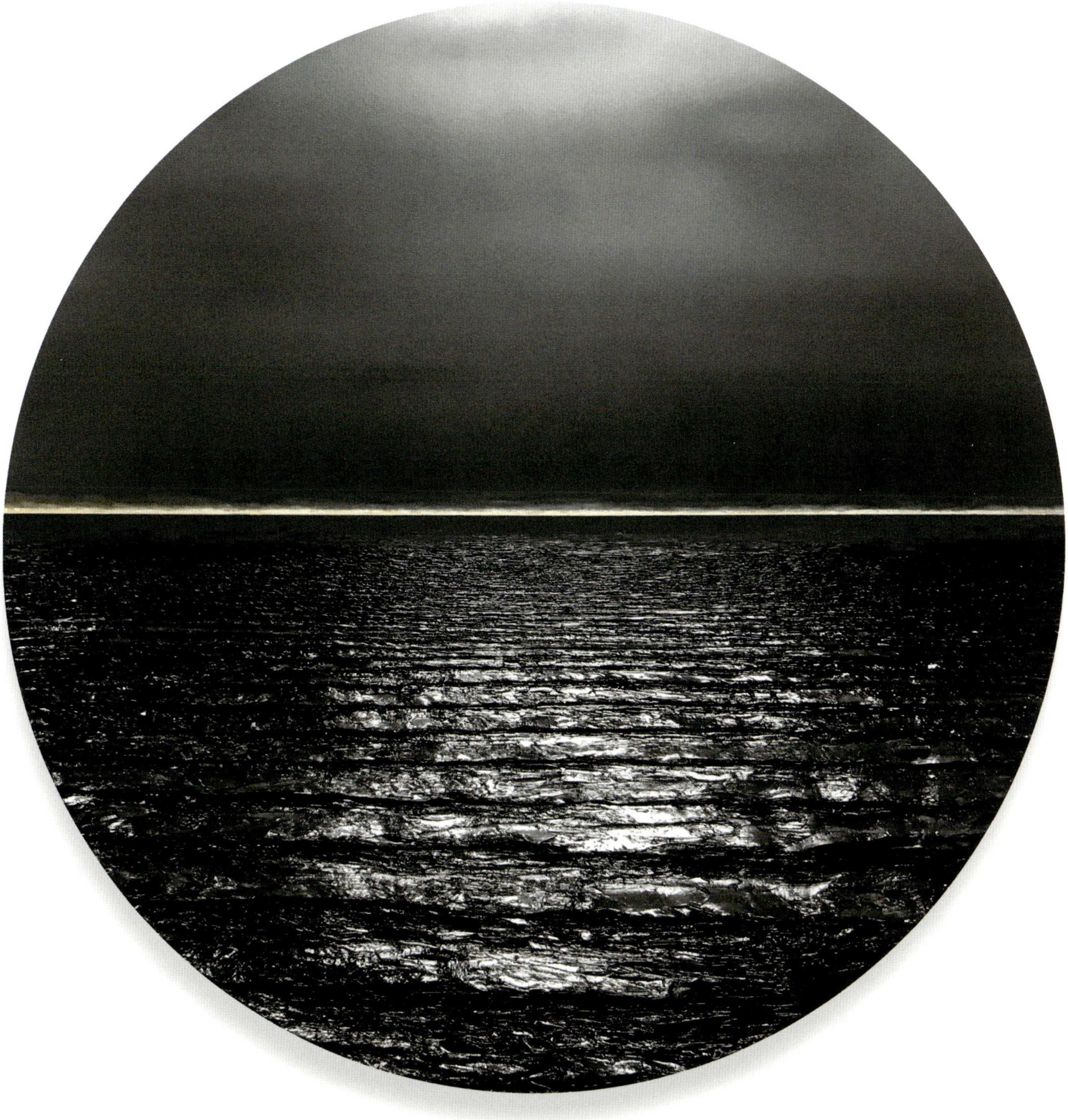

Bao Vuong
The Crossing CXCV
2022
Peinture à l'huile et acrylique, poudre de graphite
et cendre d'encens sur toile
146 × 97 cm

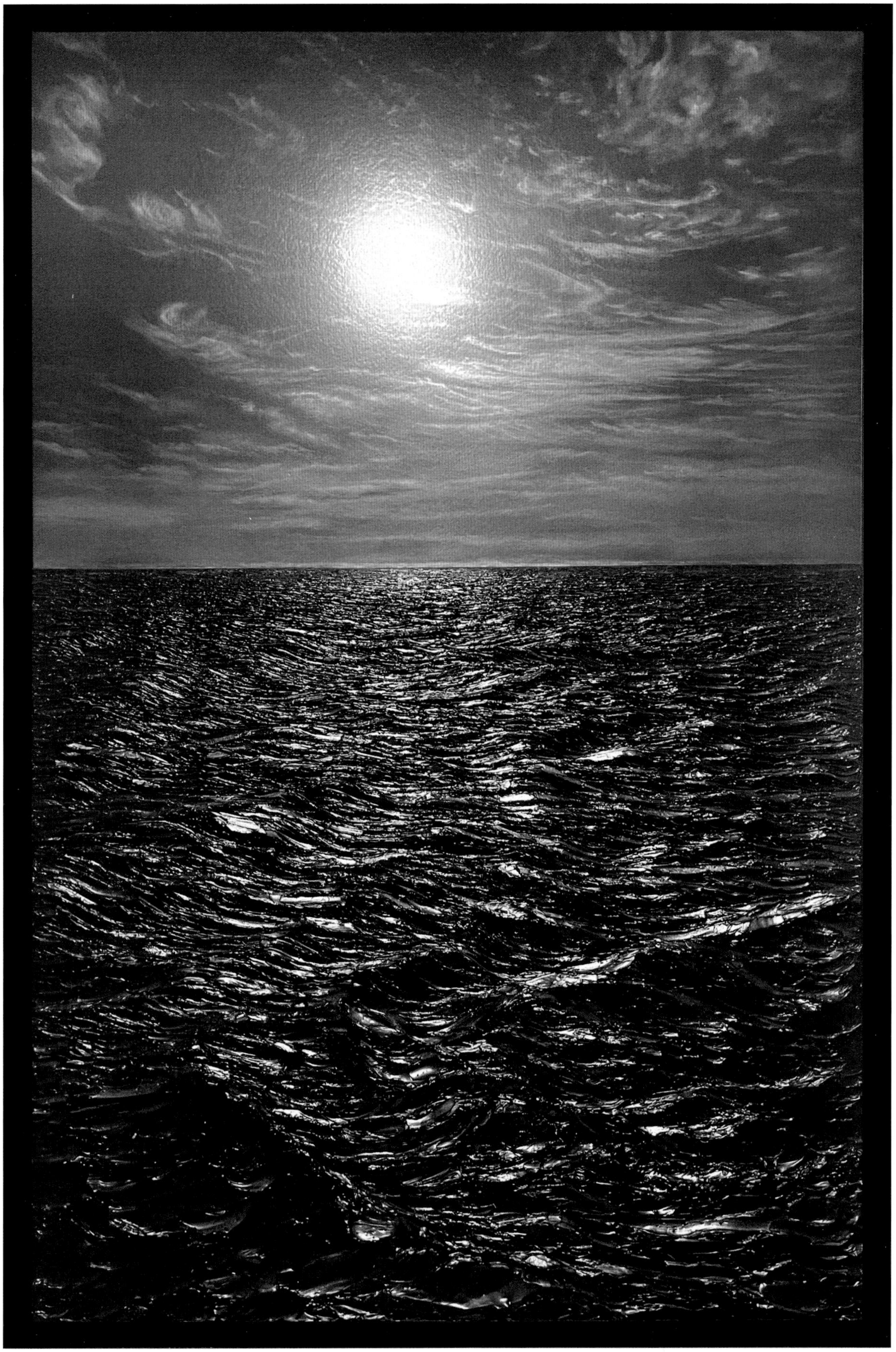

Bao Vuong
The Crossing CCV
2023
Peinture à l'huile et acrylique sur toile
211,5 × 195 cm

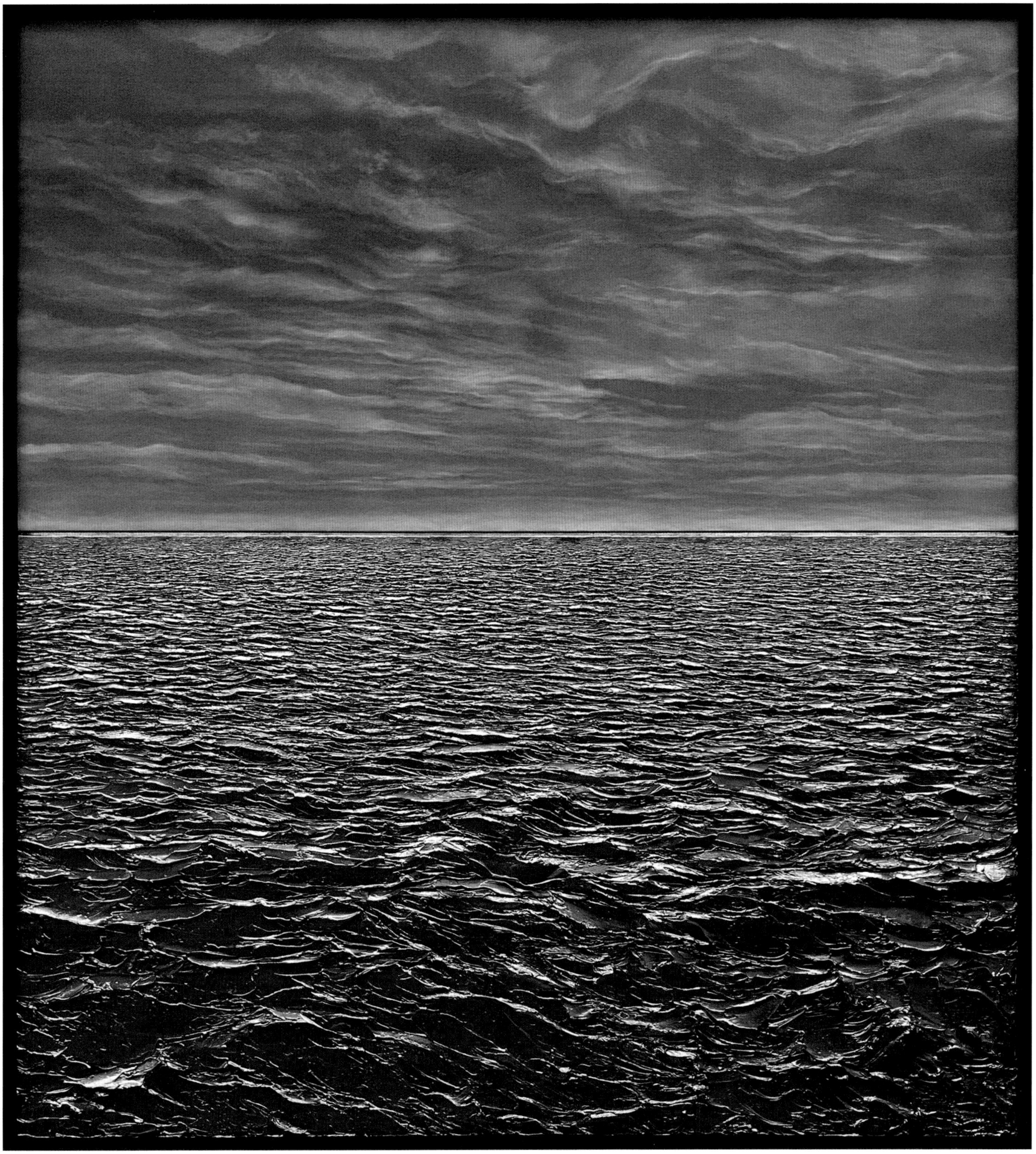

Bao Vuong
The Crossing CCLXXXI
2024
Peinture à l'huile et acrylique sur toile
146 × 114 cm

English Texts

Behind the Waves
Bao Vuong

Edited by Adrien Bossard

Between the shadow and the light,
there is infinity.

List of authors
Alexandre Crochet, journalist and art historian
Simone Dibo-Cohen, president of the Mediterranean Union for Modern Art
Mathieu Dufourg, actor, performer, and poet
Anne Maquet, psychotherapist
Kim Chi Pho, freelance writer
Louis Raymond, journalist specialising in South-East Asia
Marie Terrieux, director of FRAC Normandie

Prefaces

Since its opening in 1998, the Asian Art Museum has provided a space into which contemporary artists are invited to express themselves. In this institution at the crossroads of East and West, their works engage in a dialogue with the ancient collections, challenging concepts and forms. Invited to juxtapose his extraordinary paintings with the museum's Buddhist statues, Bao Vuong offers us a magnificent exhibition blending personal history, artistic practice, and Asian spirituality.

Charles Ange GINÉSY
President of the Alpes-Maritimes Department

Bao Vuong is undoubtedly one of the most gifted painters of his generation. His emergent work has now attained a rare maturity and expressiveness. Behind the waves lies the talent of an artist fully committed to a personal and artistic quest, between the Vietnam of his origins and the France that welcomed him. What he creates is pure emotion, and it is impossible to remain indifferent to the dark yet luminous sea that he depicts in his paintings. We are delighted that with this exhibition, Bao and the museum now share a beautiful story.

Éric CIOTTI
Deputy
President of the Finance committee of the Alpes-Maritimes Department

Bao Vuong's creations combine abstract and figurative art, addressing themes such as nature, identity, and the harmony between man and his environment. His paintings invite the viewer into an immersive experience in which each brushstroke seems to tell its own story. Renowned for his eye for detail and his ability to capture unique atmospheres, Bao has established himself as an exceptional and visionary artist. This exhibition at the Asian Art Museum is a unique opportunity to discover his story and his artistic universe.

Auguste VEROLA
Vice-president of the Alpes-Maritimes Department, responsible for childhood and culture

Introduction
At the Heart of Each of Bao Vuong's Canvases, the Darkness of the Sea Unfolds
SIMONE DIBO-COHEN

In *The Crossing*, Bao Vuong gives poignant artistic form to the collective and individual experience of exile, paying homage to those who, like him, have faced the vastness of the sea in their quest for a better future. Each painting in this series is an immersion in memory, an exploration of the inner waves that haunt souls scarred by being uprooted.

A sea that tells a story
Born in Vietnam, Bao Vuong, like hundreds of thousands of other Vietnamese, fled his divided and war-torn homeland as 'boat people', a term that sums up the dangers, fear, and hope that accompanied these journeys aboard makeshift vessels. Starting out from the banks of the Mekong, the dark sea—devoid of any illuminated landmarks—became both an obstacle and a hope, a dark horizon to be crossed in order to reach an uncertain freedom. The first word Bao uttered, at the age of one and a half, was 'nước'. This means 'water' but also 'country' in Vietnamese. This word of hope is now that of an environmentalist artist, who, in a poetic and sensitive way, invites us to rethink our environment. In this eternal night, the waves and the stars were the only guides, an experience that Bao Vuong translates with overwhelming intensity in his paintings.
Having lived in France since childhood, the artist has channelled these traumatic memories and complex emotions into his art. After twenty-five years in exile, Bao remembers boats drifting without landmarks, but has no recollection of the amount of time spent at sea or in unsanitary camps. Dominated by dark tones, his oil paintings evoke the abyss of the ocean, while allowing bursts of light to emerge in a symbol of hope.
Each brushstroke seems to be an attempt to solve the enigma of memory: how to make the invisible visible, how to paint the essence of the sea and the emotions it arouses ?

An aesthetic straddling majesty and terror
In *The Crossing*, the sea is not merely a backdrop or subject: it is a character in and of itself, a living force. Bao Vuong has mastered the art of capturing the infinite nuances of water and light, transforming each painting into a sensory experience. The waves appear to pulsate, sometimes calmly and contemplatively, and sometimes with fury and menace. The dense texture of the paint, achieved with meticulous technical skill, gives the impression that the surface of the canvas is in motion.
Darkness plays a central role in this aesthetic of immensity. Bao Vuong's 'black sea' evokes the fear of the unknown, but also the depth of human emotion.
The reflections of light, whether diffuse or dazzling, remind us that even in the darkest of moments, there is still a glimmer of hope. This constant interplay of light and shadow reflects the dualities at the heart of the human experience: fragility and resilience, fear and courage, despair and hope.
In order to extinguish the memory of the

wounds of his past, the series comes to life in his native country.

An immersive and introspective experience

The exhibition of *The Crossing* series at the Asian Art Museum offers a unique opportunity to contextualize Bao Vuong's work within a broader cultural and spiritual perspective. In Asian cultures, the sea is often seen as both nurturing and destructive, a symbol of life and of impermanence. These themes resonate deeply in Bao Vuong's canvases.
Contemplating Bao Vuong's paintings, the onlooker is plunged into an immersive experience in which the senses and emotions are awakened. The omnipresent sea becomes a mirror in which each of us can see our own fears and hopes.
This introspection is central to Bao Vuong's work. The artist doesn't just paint seascapes; he creates landscapes of the soul, where the waves symbolise inner struggles and the stars the aspirations that guide us.
This immersion is heightened by the monumental format of the canvases, which envelop the onlooker's gaze.
Subtle details, like the variations in texture and the interplay of light, encourage more prolonged observation, revealing layers of meaning that escape an initial interpretation. This contemplative approach is in keeping with an Asian tradition in which art is conceived as a means of accessing a deeper understanding of oneself and the world.

Frontiers, memory, and modernity

Although *The Crossing* has its roots in Bao Vuong's personal history, it is aimed at a universal audience. The issues it raises—displacement, survival, hope—transcend cultural and geographical boundaries.
In this respect, Bao Vuong's work is a powerful plea for empathy and mutual understanding. His paintings invite us to remember those who have endured similar hardships, be it the Vietnamese boat people or others seeking refuge around the world.
Bao Vuong's work also shows the tension between memory and modernity. His compositions are reminiscent of traditional Asian paintings, with their attention to detail and their ability to capture the essence of a moment. Yet his style remains resolutely contemporary, anchored in the preoccupations of today's world.
He is often compared to Pierre Soulages. However, while his 'outrenoirs' are free of all figurative elements, the reflections of light in Bao's works evoke the survival instinct of shipwrecked seafarers.
The Asian Art Museum, whose mission is to create a dialogue between past and present, is the ideal setting for *The Crossing*. Visitors can not only contemplate the works, but also reflect on the fundamental questions raised by Bao Vuong's work: how can we convey a collective memory in a constantly changing world? How can we bring cultures together through art?
The Crossing offers everyone the opportunity to engage in an an experience of contemplation and the 'light of darkness', leaving us to face up to our own history and ourselves.

Acknowledgements

Bao Vuong's reputation continues to grow, supported by the interest of major galleries and international collectors. A landmark exhibition in Saint-Raphaël, as part of a biennial on the theme of exodus, highlighted his unique talent, despite the presence of works by over eighty artists. His canvases, at once aesthetic and introspective, poignant and evocative, left no one indifferent.
This new exhibition in Nice continues his exploration of the maritime theme, and also of the depths of the human soul.
It would not have been possible without the commitment of many people. I would like to express my gratitude to Bao Vuong for his generosity and vision, and to the team at the museum for their dedication. My hope is that this exhibition will resonate for a long time in the hearts and minds of those who visit it.
Through *The Crossing*, Bao Vuong not only depicts the sea: he invites us to journey into its depths, to confront our own inner waves and to find—perhaps—a light in the darkness.

Bao Vuong—Biography

Bao Vuong was born in Vietnam in 1978, after the end of the war. In 1979, when he was still an infant, his family fled the country by boat, like thousands of other boat people. This sea crossing, marked by wandering and uncertainty, left an indelible mark on his family history.

Training and first artistic steps

Bao Vuong arrived in France with his family and grew up in the south of the country. He studied at the École des Beaux-Arts in Toulon, where he began to explore memory and identity through art. He continued his training at the École des Beaux-Arts in Avignon, where he deepened his research into the materiality and emotional impact of textures and colours.
After his studies, he first worked as a specialised educator, devoting himself to supporting young people in difficulty. This experience had a profound influence on his outlook on the world and fuelled his thinking on resilience, transmission, and the memory of trauma.

Return to Vietnam and immersion in creativity

In 2012, Bao Vuong decided to return to Vietnam, his country of origin, to reconnect with his heritage and devote himself fully to his art. This immersion in Vietnamese culture led him to explore notions of loss, exile and transmission through a variety of media. He exhibited his first works in alternative spaces and galleries in Ho Chi Minh City, notably A.Farm x Villa Saigon, where he made a name for himself with his powerful, memorial installations.
During this period, he began to develop his iconic series *The Crossing*, which draws direct inspiration from the stories of the boat people and his own family past. He experimented with working with the material by sculpting the paint with a knife, evoking the agitation of the sea and the memory of night-time crossings. The first paintings in this series were shown at Galerie Quynh and the Manzi art space in 2017-2018.

Return to France and international recognition

In 2019, Bao Vuong moved to Paris, where his career took off rapidly. His first solo exhibition in France, *The Crossing* at A2Z Art Gallery in 2020, met with great critical success. This series, made up of deep black canvases incised and scarified to reveal the underlying light, marked a turning point in his work and affirmed his artistic identity. Since then, he has participated in a string of solo and group exhibitions in France and abroad, notably in Venice, Singapore, Shanghai, New York, Geneva, and Brussels. His work is exhibited in prestigious institutions such as the Wilmotte Foundation in Venice, the Boghossian Foundation – Villa Empain in Brussels, and the Asian Art Museum in Nice. He also takes part in numerous international art fairs, including Art Paris, Asia Now, Art Genève, ART SG, Art Basel Hong Kong and ART021 Shanghai.

A body of work encompassing memory and light

Through his work, Bao Vuong questions the invisible, traumatic memory and resilience. His paintings are a dialogue between light and shadow, a space where memories slowly surface on the canvas. The use of black, often associated with loss and oblivion, becomes for him a place of revelation, where light emerges like a fragile but tenacious hope.
His work is now evolving towards a more advanced exploration of materials: tar, gold leaf, jars, votive papers, incense, cloth ... all elements that anchor his works in a ritual and spiritual dimension. Each exhibition is conceived as a journey, a passage between the visible and the invisible, between silence and reminiscence.
Bao Vuong continues his journey between France, Belgium, and Asia, still preoccupied with the sea and its endless stories.

Behind the Waves

BAO VUONG

Prologue—A sea of memory

I stand in front of my easel as I face the sea. The sea that I have been painting at night, almost every day for the last five years.
Each picture I paint is a fragment of it, a fraction torn from the infinite movement of the sea, the sky, and the clouds. Each wave I create is an imprint, a liquid memory that the wind moves, that the eye catches for an instant before it disappears. The sea is in perpetual motion, just like memory. On the shore, it deposits memories eroded by time, then picks them up again, scatters them, and recreates them elsewhere.
I grew up with its whisper and its menace. In Vietnam, it was a liberating horizon, a promise of elsewhere. For those who leave, the sea is an uncertain crossing. Faced with its vastness, the exile holds his breath, teetering between a past that is soon to be abandoned and an unknown future. Confronted by the enormity of a sea as great as his aspiration, each wave is a challenge that could overturn everything, between the hope of renewal, the danger of staying, and the abyss of uncertainty. Only the irrepressible desire to leave persists.
Later, on the boat, it became a passageway, a moving frontier between the known and the unknown. It carried us, tossed us about, tested us. Every night, it swallowed up our whispers and prayers, and every morning it stretched out before us, immense, erasing our landmarks. It oscillated between path and obstacle, hope and peril.
Later still, during my childhood in the south of France, it was an echo, a ghostly presence, intertwined with whispered stories, the silences of a history too heavy to be told in a single breath.
Yet the sea, immense and indifferent, is the memory of all the crossings. It stays within me like an invisible scar, an imprint of the smell of tar from the boat's engine, burnt petrol and salt.
It carries the stories of those who fled, of those who disappeared, of those who, like me, are still trying to understand what it means to 'make the crossing'.

An immersion in the darkness

For a long time, I painted the dark.
The sea sculpted with a knife, in black oil paint, a thick and dense material, almost impalpable, seems at first to be formless. Each stroke of the knife splits the substance like an incision that disturbs the surface, an instinctive gesture that sculpts the liquid chaos, tracing furrows, gashes, wounds in the darkness, an open wake in the sea. I begin by forming small waves, as if I were writing the same word from left to right, over and over thousands of times, amplifying the intensity, like a litany that I gradually exult, then shout out. Slowly, they rise, accumulating, until the sea emerges, beautiful and vibrant, expanding.
From a distance, the paint looks smooth, oily. But as you get closer, letting your gaze linger, it reveals a rougher texture, a distinctive vibration. After a while, the black oil paint has the property of contracting as it dries, creating veins and cracks similar to those seen on coal. This living material absorbs and reproduces light differently depending on the angle, inviting the viewer to plunge into its reliefs, to plumb its hidden depths.

The language of the dark

The darkness in *The Crossing* series was first and foremost that of the night of departure, that silent darkness where waiting is charged with dread. In the shadows, every movement becomes uncertain, every light a dangerous revelation. Darkness protects as much as it conceals, offering fugitives a precarious refuge from the unknown. This darkness was invaluable for hiding from the Vietnamese government, which did not want the 'children' of the fatherland to flee. This black cloak was also vital for hiding from pirates from neighbouring countries who were on the lookout for the fugitives, greedy for their savings.
The dark represents the emptiness of the sea, the depths of despair of the person who leaves his family, his homeland, his history, his culture for an uncertain destiny. The dark represents the unbearable overcrowding on the boat. The dark represents the refugee camps overflowing with people. The dark represents the proximity of death, the lack of water, food

and hygiene, the frail figures in the camps. The darkness represents the hair of my mother, who I would never leave, clinging to her breast like a shipwrecked soul clings to a lifeline.
The dark represents exile, the exile of a body and mind catapulted into a foreign land where every word is an enigma, every sound an invisible wall. The dark represents the sliding glance that does not see, like the ghost of a voice trying to make its way in an unknown language. The dark represents the solitude, where we relearn to name the world, where we grope in the darkness of an identity that has to be rebuilt.
But 'every night carries with it the promise of a day', these fugitives kept telling themselves—a prayer thrown to the wind—a hope suspended between sky and sea. Because even in the depths of night, the light persists, discreet, elusive, but always present. It reveals the invisible. Like a distant lighthouse, it watches over the shipwrecked, giving them the strength to continue, to unearth a final burst of courage, to reconnect with their inner light. It's not an escape, but a return to self.

In front of my easel—Towards the sky

I paint the darkness, but I seek the light. With each stroke of the knife on the canvas, I push the material away like one wave chased by another. I hollow it out, I erode it, I open it up to let a glimmer filter through. The black in my paintings is a living material, a porous skin that absorbs the light and reflects it differently depending on the angle from which it is viewed. It is a reminiscence, an abyss in which the eye is lost before perceiving a spark. The reliefs sculpted with a knife in my works are conceived as waves, vibrations, resonances of stories.
Above the horizon line, with every brushstroke of graphite or aluminium powder, with every stroke of the eraser, clouds are born out of the void and condense into fleeting forms before fading as a result of my gestures. Air and light reclaim their place, free, ephemeral. Like the wind, my hand follows an unpredictable course, letting the shapes appear and disappear. Just as when I represent the sea, I build up, I mark the material with a memory, and I do as much when I represent the sky, I remove, I dissipate, I lighten, I let it pass.
In some of my paintings, the clouds are created from the ash of incense sticks. Light and elusive, these mediums 'float' on the canvas, fragile like memories suspended between sky and sea. They are the imprints of a prayer, an offering to the absent, to souls whose passage was not horizontal but vertical. For me, each cloud is a boat of souls leaving the sea, evaporating towards other skies.
On other paintings, this part of the sky is even left cloudless. The emptiness invites itself in and takes over the entire space, leaving the sky monochrome and almost abstract. Everything remains to be written, as if it were a blank page.

The encounter with the museum—Architecture that interacts with the work

In this museum set on the water in Nice, the waves rediscover their echo. In its circular structure, each room becomes a stage in the journey. The visitor enters a space where time expands, where water and light echo each other. This museum on the water seems itself to be suspended, in a state of equilibrium between earth and sky, like a boat ready to set sail.
Kenzō Tange has created a fluid space, where white marble interacts with the transparency of the glass and the shifting reflections from the surrounding water. In this place, immobility does not exist: the light glides over the surfaces, changing in intensity according to the time of day, while the water reflects an ever-changing image of reality. My paintings find a natural echo here. Like Tange's architecture, they oscillate between materiality and erasure, between presence and disappearance.
Water and light shape space as much as they sculpt the painting, extending this architectural dialogue between shadow and brightness, silence and revelation.
I wanted the exhibition to be a great journey, a progressive immersion.
On the ground floor, visitors are greeted by the work that gives the exhibition its name, *Derrière les Vagues* (Behind the Waves), an immense double-sided painting that stands like a stele, a threshold to be crossed. On one side, the depths of night; on the other, the breaking dawn. This shift is at the heart of my work: a perpetual passage between shadow and light, silence and speech, concealment and revelation. The round shape is reminiscent of the museum and the next room.
As you slowly ascend, the light changes. Silvery reflections appear, like distant promises. The formats vary, the materials multiply. Gold, ash, graphite, and silver appear to disturb the darkness of the room. The dimness gradually recedes. The materials themselves carry this idea of resurgence. The rusty sheet metal conjures up the makeshift boats and shanty towns in refugee camps. The burnt prayer sheets whisper memories in the ashes. The golden votive papers sparkle like fragments of light, offerings to the absent. Each painting is an appeal.
But beyond the material, it is the light of the room that emerges and transforms. The water and the light reflected in it are never fixed; they oscillate, constantly recomposing themselves in an elusive dialogue. The water reflects the light but also absorbs it, creating infinite variations, shifting flashes that disturb the visitors.
To paint light on water is to try to capture what cannot be captured. It is to accept impermanence, to let the illusion of control dissolve so as to retain only the moment. Light only exists because it settles on shadow, because it takes on its shape before revealing it.
In the *Derrière les Vagues* exhibition, this dynamic becomes a breath, an oscillation between disappearance and discovery. What the sea takes away, it restores in a different way. What the light reveals, it allows to fade away again in the perpetual movement of time. Thus, in this room, each painting becomes a threshold, not a stop-off, but a stage in the eternal cycle of what was and what remains.
The presence of the silent and immutable Buddha statues from the museum's permanent collection infuses the exhibition with a meditative atmosphere, a suspension of time in tumultuous world. These timeless figures watch over my works like guardians of memory, amplifying their spiritual resonance and inviting deep contemplation. The incense, the votive pieces, and the statues weave a dialogue

between art and ritual, between the sacred and the intimate. Here, each painting becomes an offering, each presence the echo of a temple where the invisible communicates with the visible.

What remains—The echo of a crossing
Behind the waves lies what we believe to be lost. There are the memories that the water carries away. But there are also the memories that the waves restore to those who know how to see them. The exhibition is a journey through which each person can project their own reminiscences. It is, I hope, a physical, artistic, plastic, spiritual, intimate, universal journey, a cycle.
I am still standing in front of my easel. I paint the sea. Always. But today, in the darkness, the light is breaking through and spreading out. Each spark of light on my canvas is a fragile dawn, but behind the waves, the light remains.

The Promise of the Horizon

ANNE MAQUET

The crossing quickly leads us into an aesthetic, lyrical, and cathartic epic. It is the work of the artist 'who brings us out of silence by the means of art,' as said by Albert Camus. The emotion is there, you get on board, and you immediately enter the thick, subtle, generous and luminous material. You can't help but see the imprint of the master of 'outrenoir', even though Bao Vuong considers himself to be more of a follower of Boltanski, since he was so affected during his adolescence by his memorial work on the Shoah.

The initial shock: the crossing as the origin of trauma
The material is figurative, a sensitive mirror of a story told by the artist. Bao Vuong was one when his parents, like thousands of Vietnamese who still had the strength to do so, decided to flee a country still prey to the tragedies of war and a regime that no longer enabled them to provide for themselves and feed their family. The escape was made by sea, as there was no other way out; they found themselves prisoners in a country where they were in danger and whose neighbouring borders were impassable, with the ever-present risk of being killed by buried bombs. These very land-oriented people had no maritime traditions, yet they boarded makeshift boats as a survival reflex, and these people would become known as the 'boat people'.
Huddled against his mother, Bao Vuong and his parents embarked on a long and terrifying crossing of 330 days and nights, where survival was nothing short of a miracle. They faced dangers of all kinds, such as the cold, storms that were ready to engulf them, disease, lack of water, pirate attacks, the risk of being killed before they even reached the horizon by the authorities who tirelessly hunted and tracked down those seeking exile.
Bao Vuong tells the moving story that his mother once told him of three days without food or water, adrift, lost and abandoned on the ocean, with a broken down engine, ready to welcome what seemed to be certain death, then suddenly in the blue sky, the appearance of a single cloud that became rain and saved the refugees from dehydration.
The journey began in the Mekong Delta, with two hundred souls united in the same fragile hope. The shadow of death was everywhere, lying in wait, while each stopover on dry land led to further trials: refugee camps, uncertain waiting, exhaustion. Each night in the camps was filled with the anxious silence of the exiles, each dawn brought the faint hope of something better. This journey took them as far as Indonesia, where they were finally able to fly to France, which was sympathetic to this human tragedy and ready to welcome them.
And even though this child was protected by the loving arms of his mother, his memory retained the imprint. A fleeting memory, buried, woven with shadows and silences, had anchored itself in the very breath of his being, palpitating in the hollows of the invisible beats of time, like a persistent murmur of the past, a subtle echo of anguish and struggle, of which art, would later on become the messenger.
Bao's first paintings were permeated with this imprint of the past. Amongst the sensations that had never left him was the smell of tar emanating from the holds. Bao Vuong has never forgotten this olfactory memory, a silent witness to his forced journey. As Marcel Proust emphasised in *Search of Lost Time*, the smell and taste of things remain poised a long time, ready to remind us of a forgotten world. What has been buried resurfaces on contact with an apparently innocuous smell, texture, or detail. For Bao, this reminiscence is not limited to a fixed memory; it becomes living matter, an echo that crosses time and reappears on the canvas.
That is why he wanted to capture the essence of it, to give this experience a physical anchoring by incorporating tar into his paint in his first works. As the neurobiologist Antonio Damasio puts it, emotions and memories are not mere archives of the past, they shape our way of being in the world, influence our choices and permeate every perception. For him, memory is not a simple recording of events, but a living dynamic where sensations and emotions are intimately connected. Thus, sensory memories are not just mental images; they shape our identity, become part of our flesh and our emotions, becoming invisible landmarks that guide our existence. By incorporating this texture into his works, Bao Vuong does not just reproduce a bygone past, he revives it, transforming it into a plastic language where each nuance bears the imprint of experience. More than just a pictorial element, he has turned it into a language: this substance permeates the canvas, evoking the weight of the past while infusing it with new vitality. It is both the scar and the transformation, the link between the ordeal and the expression. Through this incorporation, Bao Vuong not only revives a memory, he summons a presence, a vibration that transcends time and is embedded in the very material of his works.
He then continues his exploration by integrating other elements. Ashes, both fragile and volatile, have come to prolong this expression of memory, a tribute to the ancestors and the deceased, to those the sea never returned. They evoke a gradual disappearance, an elusive trace floating between the visible and oblivion, vestiges of stories swallowed up in the immensity of the ocean. This past is not only fixed in the material: it vibrates in the shadows, in the superimposed strata of the compositions.

Confrontation with the work: from chaos to movement

Bao Vuong's art is based on the narration of the passage. It summons silence, the weight of memory, then gradually reveals an opening. As Paul Klee wrote in *On Modern Art*, 'Art does not reproduce the visible; rather, it makes visible'. It reveals what the eye does not immediately perceive, it brings out of the silence that would otherwise remain buried under the strata of time.
This is how the art of Bao Vuong acts as a revelation: it does not simply evoke a memory, it exhumes its emotional charge, it makes its echoes resonate in the present moment. His deep blacks are not a closed darkness, but a space of transformation, where pain finds a form and memory an anchor. As for the light, it is not a simple opposition, but a progressive emergence, a gap in the material that invites space for resilience and redemption.
This tension between shadow and light echoes the verses of the Vietnamese poet Nguyễn Du, in *The Tale of Kiều*: 'Pain fades under the brush of time, but its imprint remains in the depths of the soul.' In his own way, Bao Vuong inscribes this imprint in the very substance of his works, like a silent dialogue between the past and the present, between the absence and the persistence of memory.
Bao Vuong's work traces a trajectory of resilience through his creations. Boris Cyrulnik, a French neuropsychiatrist and ethologist, has devoted his life to the study of resilience, the process by which an individual manages to rebuild him or herself after trauma. A survivor of the Second World War, he has transformed his own painful past into a scientific and humanistic quest. He explains that 'trauma is not absorbed, it transforms'. It is precisely this transformation that Bao Vuong's work brings into play: it does not deny the pain, it integrates it, shapes it and transcends it. As Winnicott suggested, the creative act makes it possible to restore continuity to existence after a rupture, to rebuild a link where everything seemed to be shattered. Therefore, art is not only an outlet, but also a way of fully inhabiting the story one carries, of giving it a meaning that reaches beyond the simple narrative of the trauma.

The language of silence: a painting that communicates differently

The absence of messages in his painting amplifies this silent appeal. It leaves us free to project our own exiles and personal shipwrecks onto it. In this sense, his paintings are reflections of our own vulnerability: they challenge us, but also allow us to move forward. The impact is direct, instinctive, and pushes the onlooker into a physical immersion, where contemplation becomes a sensory and meditative experience.
The experience of art is not just a recollection of the trauma, it is a bridge to reconciliation. As Nietzsche put it: 'We have art in order not to die of the truth.' To create is to set in motion what was frozen by pain. Bao Vuong's paintings convey this dynamic: they express the darkness, but introduce a breath of air, a pulse of light, and the horizon. Through the pictorial gesture, he initiates a dialogue between the past and the present, between fixed memory and the need for vital action. In the words of John Berger: 'A painting is not just an image frozen in time, it is an invitation to see things differently, to engage in a space for reflection and transformation.'
This is a process of inner alchemy: Bao Vuong does not seek to abolish pain, but to transmute it, to let it infuse itself into the material until it becomes something else. He gives absence a body, silence a texture. His light does not erase the shadow, it reveals it, it brings it to a state of suspension where it ceases to be a weight and becomes an opening.
Consequently, his canvases are portals from which a form of silent reparation can emerge. They do not resolve, they enable, they offer the gaze a new latitude, a horizon where personal and collective history intertwine to bring about a renewed meaning. To create, in this instance, is to make chaos habitable, to make the ordeal a space where a breath can be born, a force ready to move forward.
But moving forward does not only signify overcoming. It is also about finding an anchor, a space where the unknown becomes a field of exploration. This is where the sea adopts its full meaning. Immense, moving, and elusive, it offers neither certainty nor a fixed point, but it is a place of transition, of abandon to the infinite. It embodies that which is beyond us and encompasses us, a horizon that attracts and transforms us.

The sea: a universal quest

The sea, unfathomable and universal, catalyses introspection. In its immensity, the mind communicates with infinity. It transcends cultural and temporal boundaries, connecting peoples, destinies, and histories. The intimate meets the universal; our solitudes intertwine in a shared humanity. Bao Vuong reminds us that every shipwreck can become a shore, every wandering a rebirth.
So, to immerse oneself in his works is to accept facing the shadow to better perceive the light. In this oscillation between depth and elevation, the spectator is called upon to make their own crossing.
As Hàn Mặc Tử, the Vietnamese poet whose verses carry within them the intensity of pain and the splendour of the world, wrote: 'The night is torn apart, and the light filters through like golden rain on an infinite sea.' Through his work, Bao Vuong seems to inscribe this rupture and this revelation in the very material of his canvases, where tumult meets calm, where absence becomes presence, and where each gaze cast upon the sea becomes a dialogue with the infinite. In this oscillation between depth and elevation, the spectator is called upon to make their own crossing: one that leads, inevitably, from chaos to tranquillity.

Bao Vuong, and Those We Carry Within Us

LOUIS RAYMOND

'... drifting like lost memories
or sinking, saltwater swelling lungs
and lips slipping towards the great silence.'

These three lines are from a poem by Sabine Huynh, one of the first of her *60 sonnets pour les Boat People*, in her collection *Prendre la mer*, published in 2024.[1] This project by Sabine Huynh, who composed her poems from extracts of interviews with Vietnamese refugees in

Canada as part of a university research project, is based on a similar approach to that which drives Bao Vuong in his work: other voices are expressed, which art endeavours to transcribe as best it can, to the best of its abilities.

One crossing is the genesis of Bao Vuong's work. In Vietnam, a war had ended on the last day of April, fifty years ago. After reunification under the aegis of the Vietnamese Communist Party, his father wanted to avoid the re-education camps and decided to leave with the family, more or less imposing his choice on his mother. First, there was the wait for departure. Then came the drifting, punctuated by pirate attacks, as far as Malaysia, a forced return to the sea, a providential cloud that kept thirst at bay, a boat passing by, a refugee camp and, finally, the departure for France. Now an adult, the artist is rediscovering the darkness and the sea, which he transforms into hope, allowing anyone who wishes to sail on it.

This biographical interpretation of the painter's work is fundamental: it is how we enter into his paintings, become familiar with his relationship to light, understand the eddying of the waves, scrutinise the horizon. However, it cannot encapsulate everything, because there is another dimension to Bao Vuong's work that is more spiritual and cultural. On the one hand, it relates to the very essence of the act of remembrance—the relationship we have with the dead and more particularly with 'our' dead—and on the other hand, to what his imagination borrows from the culture and religiosity of Vietnam, and more specifically from ancestor worship.

The first time we spoke, Bao Vuong was preparing his first solo exhibition at the A2Z gallery in Paris, in December 2020. He described his relationship to spirituality as follows: 'I sometimes use the word *egregore* in relation to my work, which ... has a meaning quite close to the idea of the collective unconscious. I am quite a spiritual person, and I sometimes think that my hand or my actions are guided. ... I don't feel like I am choosing my movements. When I paint waves, I even have the feeling that my wrist paints on its own and that several people, or several spirits, lurking in the shadows, encourage it and dictate the nature of what the canvas will be, which is revealed to me as I go along.'

Who are these 'people', these 'spirits' that lurk in the consciousness of a Franco-Vietnamese painter who experienced exile during his early childhood? They are certainly, first and foremost, all those people who were unable to complete their journey and lost their lives along the way. Between 200,000 and 250,000 people perished while fleeing Southeast Asia between the late 1970s and mid-1980s, according to estimates from the United Nations High Commissioner for Refugees. In her collection, Sabine Huynh refers to them as 'salt spectres': they are a presence, a memory, for anyone who has met their gaze or was born knowing that a member of their family lies forever at the bottom of the Gulf of Thailand.

There are also those we leave behind when we take to the sea. The family that watches you leave, knowing they cannot hold you back and that they may never see you again. The ancestral tomb that we can no longer look after, on which it will no longer be possible to light incense. The country that we are leaving, not knowing if we would ever see it again, and for which nostalgia can border on the tragic, as in the novel *La petite fille de Monsieur Linh* by Philippe Claudel. It was not a perfect country, far from it. It was quite the opposite: desolation and disarray, surveillance under a veiled sun, where even the street artists had fallen silent. But it was home, and you never leave home lightly.

Finally, there are all those who die or who leave a part of themselves behind as they try to go somewhere else, their eyes fixed with anguish on an unknown and invisible destination. Today's Rohingya refugees who, leaving western Myanmar or Bangladesh in makeshift boats, brave hunger and thirst to berth in Indonesia, Thailand, or Malaysia, where no one wants to take them in. Vietnamese people who cross the English Channel in inflatable dinghies to go and work in England in nail bars and on cannabis farms. African migrants who, if they have escaped slavery in Libya, sail on a Mediterranean Sea that has become a graveyard for many of them. Bao Vuong paints through them, rather than for them; they appear somewhere within him. One of the functions of literature may be to establish a dialogue with the dead, to enable their resurrection. It is a dialogue that takes place internally, silently, and which is intended to be transcribed in the text, the poem, the novel. Many writers who 'inherit', so to speak, an original drama, have this intimate experience: questioning 'their' dead through art and transcribing their responses. Perhaps this is what Bao Vuong is expressing when he says he feels as if his actions are guided.

Beyond the sea and the play between dark and light, one of the other themes explored by the artist in his work is that of votive objects and ancestor worship. Incense holders accompany the paintings and the *hàng mã* (votive object, in Vietnamese) are at the heart of a major artistic project that he has been working on for years and is due to be completed with Vietnamese art students in 2025.

Perhaps a word should be said about this ancestor worship, or rather what it means for those in Asia with a Confucian tradition who practise it. Its aim is to 'perpetuate an emotional complex that is as intense as possible, indissolubly linking the living and the dead of the same clan', wrote the historian Maurice Durand.[2] This is done over four ascending generations: on the altar of the ancestors or in the family temple, even the great-great-grandparents are honoured through the ritual act. The votive object that is burnt is sent to the ancestor in the afterlife. The beautiful fruit that is placed on the altar is left there rather than being eaten, sometimes even marking the wood. 'Because of this ritual,' continues the same author, 'Vietnam believes in the dead, while the West believes only in Death.'[3]

This worship transcends religious boundaries. It is not uncommon to see ancestor altars in Catholic homes, for example, alongside a crucifix or a statue of the Virgin Mary. For many Vietnamese, mourning, death, absence and emptiness become a way of life, of being with the living. It is, to all appearances, a paradox; but in this religiosity, life and death are in a way two sides of the same coin, as are light and darkness, day and night. Bao Vuong is obviously aware of this duality and presents it in this retrospective exhibition at the Asian Art Museum in Nice, with a central installation entitled *Derrière les vagues*. And, perhaps, there is another possible interpretation: the paintings in the series *The Crossing* are ultimately ritual objects intended to establish a link with all those whom the painter carries within him. It is not a lineage, not a genealogy that he honours, but a whole procession of human beings who have had to endure hardships, to survive something. His talent allows us to get onboard with them and to meditate on their fate as well as on our own, while waiting to reach the other shore.

1 S. Huynh, *Prendre la mer. 60 sonnets pour les Boat People*, Paris: Éditions Bruno Doucey, 2024, 15.
2 P. Huard, M. Durand, *Connaissance du Viêt-Nam*, Hanoi: École française d'Extrême-Orient, 1954, 98.
3 Huard, Durand, *Connaissance du Viêt-Nam*, 99.

Bao Vuong, Artist of the Série Noire

ALEXANDRE CROCHET

The sea, the sky, the dark. It is with these motifs, both infinite and limited, and this austere palette that Bao Vuong has been on an epic journey for several years, creating a haunted and haunting body of work, as changing and bewitching as the ocean itself. Numerous painters, from Joseph Vernet to Claude Monet, including nineteenth-century Asian artists such as Hokusai, have depicted the sea. It is not uncommon to witness a boat that the artist's brush has exposed to gentle or stormy waves. A ship battling against a storm has also become a topos of seascape painting. Some, like the Russian Ivan Aivazovsky or Britain's William Turner, have brilliantly recreated the sublime and disturbing transparencies, the spurts of foam, the blue-toned world in motion. What strikes you immediately about Bao Vuong is the radical way in which he has taken hold of this oft-seen motif. The artist has not plumped for the easy option. His uncompromising approach has revitalised the 'marine' genre. By opting for a black waterscape and by making his painting, canvas after canvas, a long journey to the end of the night, Bao extinguishes colour. He thus deprives the onlooker of the shimmering of the sea, of its subtle and seductive variations of blue-green. Deprived of the light that brings it out, colour disappears.

Nocturnal palette

By cloaking the sea in black, the artist immediately confronts the viewer with another reality of the ocean, which is neither picturesque nor enchanting. At night, far from the sun, swimming, or coastal navigation, the sea once again becomes a disturbing, dangerous, hostile and unfathomable world. In his paintings, Bao Vuong rekindles our age-old fears, the fear of the dark, the mystery of the sea at night, of shadows. And in his paintings, the night sometimes seems endless, the days like nights. It is the moment of departure of his family's boat for a distant and uncertain destination under cover of night, in secret... In consecutive paintings, the artist has found his own unique path, creating a feeling of unease in the onlooker, who is plunged into a darkness that is sometimes illuminated by a sliver of moonlight or tossed on the perilous waves that cover the entire surface of the canvas. To further accentuate the sensation of being at sea, and to blur any sense of bearing, Bao paints in *all-over*, creating immersive works that are further accentuated by generous formats.
One thinks of these lines from Victor Hugo's *Scourge of Heaven*:

'The sea! Naught but the sea! waves on all sides!
Vainly the sea-bird would outstrip these tides!
Naught but an endless ebb and flow!
Wave upon wave advancing, then controlled
Beneath the depths a stream the eyes behold
Rolling in the involved abyss below!'

In his early paintings, the artist wanted to be more explicit by depicting the faces of migrants or ... drowned people emerging from the water, or boats. Then he removed the boats and the figures. Bao might otherwise have reproduced Géricault's *Radeau de la Méduse*. Guided by his radical nature, he removed any element that was too descriptive of the migrants to better enable identification with them. Through this ellipsis, the eye of the onlooker and that of the migrant on his invisible craft merge. The artist does not point out to us the one who undertook this treacherous crossing, that would be too easy: he literally puts us in their place.

Master of black

There are few artists who have really dared to experiment with black, a substance that absorbs all colours. For a long time, black was used to paint a garment, to suggest an aesthetic effect, a fabric. It embodied darkness, the world of shadows and the dead for Romantic painters. In the twentieth century, some used it in a more experimental and radical way. Kazimir Malevich, with his *Black Square*, explored the abstract dimension and its contrasts, as did Mark Rothko later on with his final and striking *Black Paintings* series, which seem to mourn the premature demise of the artist. Richard Serra plays with its nuances in his monumental and minimalist sculptures. And of course, Pierre Soulages would establish himself as the master of 'outrenoir', making colour emerge from the folds of black. However, Bao has not chosen abstraction. He has found a unique path, that of a figuration bordering on the refined. He achieves the incredible feat of renewing this from canvas to canvas using the same template, and always using black, which he expresses in a thousand shades. You have to get close up to be struck by the thickness of the material, the dense texture of his knife-sculpted waves, which lend an incredible relief effect to the dark ripples. It's as if he had to become one with these shifting waves, giving them even more tangible form. This sea of ink is adorned with a thousand reflections of light under the glow of the moon.
By contrast, the artist treats his skies with a lighter touch, more in flat tints. In this instance, they are no longer deep blacks but more luminous blacks, even a subtle palette of greys reminiscent of Rothko's *Black on Grey* from his series of *Black Paintings* mentioned above—the canvas being divided between a monochrome black and a monochrome grey, with the grey occupying the 'role', in this instance, of the sea.
Two worlds are thus clearly delineated, the

one below, maritime, and the one above, celestial. Little by little, Bao Vuong's skies clear and open up. In many religions and mythologies, the ether is considered to be the home of the gods, or at least the place from which they appear. This spiritual and mystical dimension is present in the work of the artist, who introduces gold leaf in certain paintings (*The Crossing CCXX*, 2024)—in the manner of the primitive painters who used it in backgrounds or the painters of the Italian Renaissance who adorned clothing with it—thus reinforcing their sacred character, or even incense ash or prayer sheets on panel (*The Crossing CCLXXII, Hang Ma*, 2024), as used in Vietnam in religious rituals. Subtly, the artist also probes what guides and supports the traveller in these long moments of distress and uncertainty. Between the shadowy, desperately empty and endless sea and the celestial universe, a tension, a struggle, becomes visible in Bao's paintings. A struggle between the despair of darkness and the hope of light ... This mystical dimension, which permeates many of the paintings, is again symbolically apparent in *The Crossing CCXC* of 2024, which appears to show the cliffs of Étretat in Normandy and the hollow needle made famous by Maurice Leblanc and his hero Arsène Lupin. This arch in the rock that lets the sea waves through, 'is crossing a threshold, a beyond, attracted by the mystical light that I depicted behind it. But we still have a foothold on the shore. We need the strength to cross that threshold,' confides the artist.

Perspectives

In certain paintings (*The Crossing, Derrière les vagues I and II*, 2025), the artist adopts the tondo format, which was sometimes round or oval, and was widely used by the great Italian Renaissance painters. But isn't it also a reference to the shape of the Earth, of the planet? As well as an allusion to what the eye sees through a telescope, that invaluable tool of ancient navigators who would cry out: 'Land Ho!'

In fact, Bao rarely depicts the land or the shore in his paintings. We can see the shore in *The Crossing CCXXX, The Night of Departure IV*, 2024. Once again, it is the gaze of those who are leaving that is suggested here by showing this empty shore facing the black water. The shore of departure. What do we leave behind, what do we carry psychologically with us when we leave? The tip of the shore does not therefore represent the aim to be achieved but the land we have left behind. 'A whole journey, an entire trajectory has already been travelled, and we can be proud of it! We are all living our own crossing,' explains the artist, suggesting the metaphorical dimension of his paintings about the human journey, and what we are prepared to achieve ...

Several interpretations are therefore possible when considering Bao's paintings. One is more literal about the fate of migrants across the world's seas, and contains a message: in this—invisible—makeshift boat, is us. A humanist, universal, timeless message. Draped in black, the sea is in mourning; carrying the memory of the shipwrecked who attempted risky crossings, from Asia's seas to the Mediterranean. The artist thus draws attention to the dangers and difficulties of the journey ... The promised land is sometimes not at the end of the road. The other, more personal and metaphorical, is about the journey of each individual, the journey through life or the trials to be overcome. If Bao's work is profoundly moving, it is for all these reasons. For Bao, it all began on a dark night. Before becoming an artist, he gradually, canvas after canvas, slowly dispelled the darkness and brought forth the light. Monumental and personal at the same time, can his contemporary odyssey in the form of a return to his roots really ever come to an end?

Crossing Identities

MARIE TERRIEUX

In June 2024, shortly after the announcement of a dissolution, I crossed Paris by train and metro. On my way, a scholarly friend who had spent two decades in China told me about the lorettes of the 9th arrondissement. I learned that these young nineteenth-century women, who settled in the Nouvelle Athènes district—located between Rue Saint-Lazare and Rue des Martyrs—came from the west of France to win the hearts of the male population and, having done so, achieve a better life. It was my turn to take the train, this time to Argenteuil, to the studio of Bao Vuong, a French artist of Vietnamese origin, whom I met a few months earlier at the gallery of Hadrien de Montferrand. I discovered his dark, thick paintings of waves, horizons, and voyages. There were many of us in the compartment: women, men, children, all kinds, with many faces, in various clothes, speaking different languages. It is the end of the afternoon, the return from a toil that is not necessarily pleasant for some. Everyone is calm, a little dazed perhaps. On arrival at the station, I walked for 15 minutes through the narrow streets and then reach Bao Vuong's workspace, receiving a warm welcome from the artist and his two assistants, the first of whom was Chinese and the second Ukrainian.

Why introduce the work of Bao Vuong in such an unorthodox way, by mentioning a short anecdotal trip around the environs of Paris? Perhaps because it seems necessary to approach his work through the subject of a journey, which is constitutive of his history and, by the same token, of his work, and which echoes the multiple geographical and personal journeys that have always characterised mankind. These journeys, despite what some might say, nourish and shape our realities and our imaginations. They offer us multiple directions.

A crossing, when it is possible, can lead to a form of freedom.

Bao Vuong's crossing began in the early 1980s, when his parents, who were born in Vietnam, boarded a boat to go into exile far from their country, which was in the grip of civil war. The exodus lasted eleven months. The child was barely a year old. His mother did not talk about it. Many of them, the boat people and other survivors, showed resilience. But as in any family, the silent history and memory of the group manifested themselves at a given moment through signs, which, in this case, did not come from the spoken word but from painting.

As a young man, Bao Vuong embarked on an artistic education, enrolling at the École des Beaux-Arts in Toulon (1999) and then in Avignon (2001). There, he explored various practices, including installations. The subjects of memory and family heritage emerge in his works in an unconscious resonance with the history of Vietnam ... the beginning of a quest for identity perhaps. In parallel with his first steps as an artist on Mediterranean territory, the Vietnamese avant-garde movement had begun in his country of origin. One thinks of artists such as Trương Tân, Nguyễn Minh Thành, Đỗ Hoàng Tường, and Đinh Ý Nhi who, through a variety of projects, performances in rural areas, reuse of traditional materials and torn canvases, asserted very daring languages in the geopolitical and social context of the early 2000s. As for Bao Vuong, he was at the crossroads of several paths: he put his fledgling career on hold, partially resumed it in the 2010s and then fully assumed his role from 2017 onwards, having been based in Vietnam since 2012. Time can occasionally be kind. From the rekindling of his career, or his ascent, one might say, we can also cast an eye over his *Import-Export* series, delicate sculptures made from rice cakes. He applied them to the faces of friends or project participants. The resulting shapes, like fragile masks, refer to the Công Binh, the men forcibly conscripted by the colonial administration. Beneath the apparent delicacy of the work lies a dual reflection: that of forced displacement and the harshness of the rice farming professions carried out by a part of the population. Let's also take a look at his performance *Nước*, produced in 2019 at the Manzi art space in Hanoi. The artist put his body to the test, locking himself into a space, defying dehydration and darkness, re-enacting the extreme conditions of the long crossing of this small child, his mother and his siblings on a makeshift boat, turning himself into a boat person.

This sea crossing, departing at night, in dark and terrifying waters, appears on the canvas almost 250 times, like a cathartic exercise. We are in a repetition of the colour black, of the thickness of the material like a viscous magma that could engulf us in its depths. The series *The Crossing*, which was started in 2017, expresses 40 years later a wound but also a process of recovery and perhaps a form of rebirth. The first material used is tar, rough and with a strong odour, a direct evocation of the hold of the boat and its engine. These raging, violent oceans gradually give way to landscapes where the horizon brightens and dawn approaches. Although these paintings are composed of several periods, we can see an evolution in form, with tondos in reference to classical Western art, but also silhouettes that are both an evocation of altars in Buddhist temples and of altarpieces in Catholic churches. Bao Vuong's work has a spiritual dimension, a mission. We can observe in one of his recent paintings the use of gold leaf adorning the *hàng mã* prayer papers, burned in honour of ancestors or the deceased. Introduced here as golden skies, they augur a bright future. Even though the artist's journeys are neither complete nor fixed, but in a process of impermanence, Bao Vuong reveals to our gaze the multiple layers of his history, of our paths, with different cultures, geographies, and iconographies. The artist draws on family history, the silences he captures on the canvas, and addresses our personal and universal trajectories in a mirror.

At the Edge of the Night

MATHIEU DUFOURG

Night falls early in Ho Chi Minh City. From late afternoon, the lights of the roaring scooters come on one after the other and start to flash at every intersection, not quite dazzling the eye yet, which is accustoming itself to the semi-darkness. But night, in particular, falls quickly, as fast as the bustling city. The day has passed so swiftly, and in the April heat, in what is not yet quite evening but already darkness, the lights become more and more piercing, almost aggressive. It is still early, and I'm already late, but I know the way to this gallery in Đồng Khởi Street, which my uncle still calls Catinat Street, I know the gallery where the opening I'm going to is being held, the stairs leading up to it, the shopkeepers on the ground floor, I know what awaits the invited guests, like me, up there. In the sultriness of this April evening in 2017, on the white wall to the right at the entrance to the Quynh Gallery on Đồng Khởi Street in Ho Chi Minh City, amongst the colourful sound installations and paintings, hangs a unique work that surprises those already present, that draws their eyes from the brightness to the darkness in a matter of moments, that shines with all its depth and stands out in a thousand dark reflections: a black painting, exhibited for the first time, *The Crossing*. Without anyone realising it, not me, not the spectators, not even its creator, a long series of paintings has just been started.

2004

I am waiting for Bao to reach the exit of Roissy-Charles-de-Gaulle airport. We have only known each other for a short time, not quite two years. I offered to drive him back to Paris after his long journey.

I was curious to hear what he had to say, curious to hear him update me, but I gradually slowed down the pace of my questions in the face of his short, vague answers.

It was the time difference, no doubt. Also: the fatigue from a long flight. Surely: the regret of returning to a cold Paris. Perhaps: the emotion. For certain: everything I can't understand at that moment, everything he himself is trying to understand, to process. It was the first time he had returned to his native country. It was the second time he had left it. The first time, he was only one. This time, twenty-six.

I help him to carry his cases to his attic apartment and leave him alone. He doesn't look sad. It's not sadness. He tells me that he needs silence, to get his bearings, alone. The days go by and I feel that he is neither here, in his Parisian attic, nor there, in Vietnam, which he has just rediscovered, reacquainted himself with.

I left him, immersed in his memories, highly-strung, navigating the meanderings of a buried memory.

Đạt, Tố Lan, Lon, and other members of the Sao La collective have for some time now transformed their workplace and living space into a bar, which they open at the end of the day. To earn money, they open up this artist's studio and private exhibition space to the public and their friends. Nestled in the maze of floors of a narrow building on Rue Nguyễn Công Trứ, very close to the streets with very French names like Yersin and Calmette, the place is at the crossroads of different worlds. The people here are from all walks of life, most of them artists, but not solely. Vietnamese, English, French, and Spanish are spoken here, and the only Vietnamese drink is rice wine from the north. I have been going to this bar for a few weeks now, discovering Ho Chi Minh City in a new light, different from what I had experienced ten years ago during my first visit. This night, Bao had invited me to join him for a specific reason: Tố Lan has asked him to show him one of his latest works. So I help him carry one of the test pieces he is working on in his studio, a small, all-black painting that I had spotted a few days earlier. I am drinking rice wine with friends when Bao calls out to me, looking at once excited, worried, scared, amused, and I don't know what, but in any case restless: Tố Lan has offered him the opportunity to take part in the group exhibition they are putting together for the famous Quynh Gallery. And it's not that small, not-quite-finished painting that she wants. She wants a big one, for the white wall to the right of the gallery entrance. Bao tells me he wants to get home, fast. First thing tomorrow he has to go and buy a frame and paint. Black paint. Lots of black paint. The opening is in three weeks.

2007

It was the second time that Bao had returned to his family in Vietnam, with his mother and two of his sisters. He asked me to join them. Bathed in the heat and welcomed into this large, very flamboyant, joyful, and energetic family, into this culture that has always fascinated me, I lost myself in this Asia of which I had previously only known the somnolent snows of the Himalayas. I got drunk on ice-cold beer, rice wine, fabulous broths, whole glazed barbecued pigs and unfamiliar fruits for many long weeks before understanding what I had not previously noticed and which should have been obvious to me. I communicated with the Vietnamese as best I could, mainly through jokes and miming with the children, uncles, aunts, and grandmother, but I didn't understand a word. What I didn't see—but which was dawning on me—was that Bao understood, of course, but not everything. And not very well. And that it was hard for him to make himself understood. The words were not quite the same. Some words were lacking. He had grown up so far away, for almost thirty years. The language he spoke, what I thought was Vietnamese, was his language, his mother's language, his brothers and sisters' language. It was their version of Vietnamese from Toulon. And emerging from my blindness, I was gradually able to perceive a wound and a loss, and I understood, under the sun of the delta, what I had not grasped in Paris during his first return.

And while I was aware that Bao's story had gaps, grey areas and unknowns, I also saw that embarrassment, that slight unease at not appearing to be completely legitimate in his own country. In that family who had believed he, his elder sister and his mother, had died during their enforced and tragic flight. This escape, this journey, which we had never really talked about, because although I knew about this history and that of other Vietnamese people, I realised that I didn't know his story. I knew nothing about this journey, this departure.

The words were lacking, and the story had not been told.

We buy black paint. Lots of black paint. Paint drier, brushes, knives, and a large frame that I somehow manage to hold on to on the back of the scooter between Bao and myself. The opening is in three weeks. It is very early, and we return to Nguyễn Công Hoan in the district of Phú Nhuận, where Bao lives in a house spacious enough to host a studio. I transform myself from a passing friend into an assistant. My first role: to help him make space, to arrange the canvas horizontally, to draw pencil lines on it according to distances that we have calculated for the perspective effect of the waves narrowing towards the horizon. My second role: to mix the paint with paint drier. This is the first canvas of this size that he is tackling and on which he intends to apply a lot of material. And time is running out, the issue of drying is crucial, decisive. It's the first day. The beginning. And if I sense Bao is a little anxious, it's not panic, if I see him doubting, hesitating at times, I also see him following his path as if he knew it in advance. And I understand. If he doesn't really know how to do it yet, he knows what he's doing, what he has to do. He's like an actor, or a tightrope walker who gets stage fright until he sets foot on the wire or on the stage, when all kinds of disasters are envisaged, but who, once in the spotlight, knows where he's going, what he's saying, and where he's putting his feet. The days pass, and I take time out to visit the country. The work is certainly progressing, but the drying remains problematic. When I return, the painting is almost finished, Bao is applying the finishing touches, and he still needs my help. Once again, I find myself covered in black paint, and we work in silence in the stifling heat of the workshop, to the sound of the fans whirring at full blast to dry the canvas, stirring up the acrid fumes of paint and white spirit that make your head spin.

1979

The departure had been planned. It was inevitable. But the date was unknown. There had been arrangements, there had been negotiations. Bao's mother did not want to leave her family, her country, the delta. But she was married, and one follows one's husband, her father had warned her. It was inevitable. And without warning, the moment, the hour, had arrived. The time was now. No time for farewells. No time to say goodbye. It was an exodus. Cruel. Frightening. Terrible.

Like hundreds of thousands of people, in the dead of night, they jumped onto a makeshift boat. Subjected to the fate of the exiled. Subjected to the immensity of the sea and its cruelties. To its unfathomable depths. To its pirates.

As soon as they set off, the pirates, with their first boarding, steal, loot, hit, and leave the vessel adrift without the engine which they took with them. The drifting, the vastness. Bao is one. His mother, pregnant with Diễm, is so young. His big sister, Linh, is two. Crouching in the hold, with the sticky smell of the tar caulking the hull of the boat, it is thirst that adds to the hunger. Thirst. Then there is only that: the thirst.

Years later, in 2019, Bao would record a long conversation with his mum in which he asked her all the questions he had about the crossing and the year he spent travelling from boat to refugee camp. 'Were you scared?' 'Scared? I wasn't afraid anymore. I only remember one thing; the thirst. Nothing else mattered, only that. Not even death, only thirst.'

And in the commotion of the waves, the surf, the bodies being tossed about, a sudden, specific noise. Then another. A familiar but almost forgotten noise. One drop, then another. The clouds puncture the horizon, the sky tears open: it's raining. They are going to be able to drink. And in the midst of these unexpected sounds, amongst the bursts of newfound hope, another sound, even more unexpected, and this new one comes from the mouth of a baby: 'Nước!' Bao has spoken. For the first time. 'Nước' means 'water' and 'country' in Vietnamese. It was raining. They were leaving, but they were not going to die. 'Nước.' The first word.

The painting is finished. I am cleaning the workshop and stop from time to time to contemplate the canvas, for which Bao is still looking for a title. And I ask him a question, in front of what for me is as much a sculpture as a painting: 'Bao, why the black paint? I mean, why only black paint, and not white, grey, or other materials?' 'It's because of the tar, Mathieu.' And then I understand. The tar. I remember. The tar that caulks the holds of the boats. One of the few things he had heard and that he had told me about. In the drifting boat, each adult had to take turns in the hold to bail it out.
After the pirate attack, before the thirst, there was nausea, at the bottom of a boat that was taking on water. There, at the bottom of the hold, in the mire of the sea water to be bailed, the smell of tar made your heart and guts churn. His mother had told him about it. The heady smell of tar when she had to take her turn below, to bail and bail, to prevent the boat from sinking.

2004
The journey between Ho Chi Minh City and Vinh Long takes four hours by car. The planned expressway, which would have cut the journey time by half, is far from being built. The flight was long, and the arrival at the airport intense. It's always a shock, even when you're used to it, to walk out of the Tan Son Nhat terminal into this humid heat. And if you're not used to it, the noise and the shouts of families welcoming their loved ones are piercing. Several women he doesn't know take Bao in their arms in a crazed clamour: they are his aunts.
Bao's sisters are sleeping in the minibus that is taking them to their hometown. In the front, his mother is chatting away with her sisters. His mum has gone back several times. And she had a house built, the result of years of incredibly hard work and courage that have always earned my admiration. Bao and his sisters are going to see this house that has just been completed, their house.
Sitting in the back, Bao is awake, taking in these landscapes and these noises that seem unfamiliar to him.
Words emerge from the conversation at the front of the vehicle, in this rather unusual Vietnamese from the delta, an accent Bao does not yet recognise. A few words stand out that he understands, a story is told that he hears, that he does not know, that he has never heard, that has never been told.
It is the beginning of his story, the beginning of exile: the story of the terrible night when, after rushed goodbyes, they fled in a matter of minutes from the large family that was rebuilding their lives after the war.
This is a story that he was unable or unwilling to tell me once he returned to Paris.
The story of the night when they had to set sail on a makeshift boat.

The exhibition is over. The artists are packing up their works and dismantling their installations. I am in the gallery rehearsing with a choreographer and two dancers for a performance in which I will be participating in a few days' time. Bao arrives and I help him pack up *The Crossing*. We joke and look back over the past few weeks, from the unexpected announcement of this exhibition up to today, these weeks that have been stressful, laborious, thrilling, and rewarding in equal measure. Bao takes the painting back to the studio to let it dry completely. I have no idea of the adventure that is beginning for them both, and that this painting will cross my path so often again, on both continents.

2018
A year has passed, and I am once again passing through Ho Chi Minh City. Someone has just bought The Crossing. *Bao has to take it to its new owner to hang it, and has asked me to come to his place to help him move his work. We are waiting for a taxi under the scorching sun, and I believe that this will be the last time I shall see the canvas.*

2021
Bao now lives in Paris. And I live in Ho Chi Minh City. I am invited to Akiko's house, who is celebrating her departure from the city for Japan. She was the one who had bought The Crossing *for her husband. I spend the evening at her house, I have dinner and dance in front of this painting, in front of this familiar presence.*

2025
Bao now lives in Brussels. And I am back in Paris. We have both been invited to Jean-Philippe's house, to whom Akiko had given the painting. I meet up with these two old friends once again, ten thousand kilometres from where they were born.

'It is into this wound—incurable, since it is himself—and into this solitude that he must throw himself, it is there he will be able to discover the strength, the audacity, and the skill necessary to his art,' wrote Jean Genet in *The Tightrope Walker*. These are the words that came to mind on that night in 2017, as I came downstairs at the house on Nguyễn Công Hoan where I had left Bao in his studio to get to work and finally be able to tell his story, his rediscovered story, sculpting the darkness until dawn, and even much later, because the day starts early in Ho Chi Minh City.

Interview with Bao Vuong

KIM CHI PHO
Article published in *Argument*, 12 (April 2025)

Bao Vuong is originally from Vietnam.
He arrived in France with his family at the age of one.
He then studied at the École des Beaux-Arts in Toulon and Avignon.

[...] Can you give us some insight into the common thread underpinning your recent exhibitions?
My common thread is more like ship's rope, if you'll allow me to play with the term. My work is based on an intimate and universal exploration of themes such as memory, exile, and resilience, through nocturnal seascapes. These elements accompany me

on an artistic quest in which water becomes a metaphor for the crossing, a trial and a transformation. This is how this evolution is reflected in the five solo exhibitions that I have held at the A2Z gallery over the past four years:

The Crossing **(2020)**
This series plunges into total darkness, reflecting the traumas of the boat people, of which I am one. The knife-carved black monochromes give tangible form to the heavy emotions and hardships experienced by those going through critical moments in their lives. It is a raw and visceral exploration of memory and exile.

Coming Through (2021)
Here, I have introduced bright flashes into the darkness, symbolising resilience. These works tell the story of the inner journey necessary to overcome obstacles, a journey where light and darkness coexist in a creative tension.

Horizons (2022)
With this series, I wanted to explore spirituality further by incorporating incense ashes into my paintings. These ashes evoke the link between the living and the dead, while questioning the invisible and the ephemeral. It is a poetic reflection on the memory and the sacred, both personal and universal.

Nước (2023)
This Vietnamese word, which means both 'water' and 'country', has allowed me to reconnect with my roots. In this exhibition, water becomes a symbol of life, migration, and ancestral connection. It connects the intimate with the universal, while exploring the strength of traditions and their impact on our contemporary identity.

Beyond the Nights (2024)
This series marks an important stage in my career, where light finally takes over from darkness. The silvery, luminous hues evoke a rebirth, an ode to hope, and a celebration of courage in the face of adversity.
In short, my guiding thread is a continuous exploration of how darkness and light respond to each other. Water, which is omnipresent in my work, becomes both a metaphor and a medium for telling these stories. My aim is to touch on the universal through a story that is personal to me and my family and that invites contemplation and reflection on our human condition.

During Art Basel Paris, a collector said that you were now associated with figures such as Malevich, Rothko and Soulages. What do you think of this notion?
It is a great honour to be mentioned alongside such giants of the art world. However, I do not see myself as a successor, but as someone who is on a different quest. The artists you mention—Malevich, Rothko, and Soulages—each explored unique territories: the quest for formal purity for Malevich, the emotional immersion for Rothko, and the subtle relationship between dark and light for Soulages, which he himself described as 'outrenoir'.
For my part, while I share this fascination with light and darkness, my approach is more narrative and metaphysical. While Soulages invites us to perceive the light that emerges from the darkness, my works seek to tell stories, to evoke emotional and existential journeys. My paintings play with this boundary between darkness and light, not only to capture a changing beauty, but also to allow onlookers to project themselves, to find their own stories and their own inner light.

The play of light in your works is unprecedented. Are you the inventor of this technique?
I wouldn't say I'm the inventor, but this technique is the result of deeply personal research. I started out painting in the conventional way, using oil paint to depict seascapes with boats and boat people. At the time, I worked in black and white, applying thick layers. I quickly noticed that black paint, used alone, without mixing it with white, reflected light in a fascinating way thanks to its oily appearance, creating a subtle and appropriate luminous effect. However, exhibitions of these works were censored because of the subjects they dealt with. To get around this ban, I decided to eliminate the potentially controversial figurative elements, such as the migrants on the horizon, and leave only the sea and the sky. This radical change transformed the perspective: it is no longer a scene seen from afar, but one of total immersion. The viewer then becomes the person standing on the boat, facing an immense sea that symbolizes an ordeal to be overcome.
By sculpting the material with a knife, I create reliefs that capture and reflect the light in a dynamic, almost living way. The light changes according to their position and their movements, oscillating between the 'painful' density of the waves, the winds, and the luminous bursts of light in the sky, bearers of hope and salvation. My intention is to establish an intimate relationship between the work and the person looking at it, a kind of dialogue where light becomes as much emotion as matter.

In your paintings, if I look at the point where the sky touches the sea, everything changes dramatically. Is this intentional?
Absolutely. This horizon line is an essential metaphor in my work. It represents a boundary to be crossed, a line to get over, but also the promise of somewhere else. It is a tipping point between two worlds: the sky, a symbol of elevation and lightness, and the sea, deep, dense, almost solid in my paintings.
Where these two elements meet, I see a transition, a suspended moment. It also evokes a transformation, like that of water passing from a solid to a gaseous state by sublimation, a process that has always fascinated me. This idea of transformation goes beyond the simple physical phenomenon: it reflects the inner metamorphoses we go through in the face of trials, passages, and journeys.
But this horizon line is also an illusion, an imaginary space that recedes the closer we get to it. It embodies our dreams and aspirations, those 'elsewheres' that we project in order to move forward. Whether they are attainable or not, these horizons are indispensable to our humanity. They nourish our capacity to hope, to believe in possibilities, and ultimately, to survive the tumults of life.

Your works travel all over the world. What's next?
I want to continue the dialogue with

different audiences around the world.
In 2025, a major exhibition at the Asian Art Museum in Nice will enable me to explore themes such as memory, resilience and spirituality in a museum setting that is conducive to immersion and poetic contemplation.
At the same time, I am developing the travelling 'Hang Ma Museum' project in Vietnam, in collaboration with the French Institute in Ho Chi Minh City and students from the University of Fine Arts. This project reinterprets the ancestral rituals of *hàng mã*—consisting of burning votive objects for the deceased—through an ephemeral artistic installation. By integrating tradition and innovation, it offers me the opportunity to pass on my know-how, to collaborate with other Vietnamese artists across several cities, and to reconnect with my teaching and training background. This intergenerational dialogue is enriching for both the students and myself, combining contemporary creation, cultural memory, and human exchange.
Finally, I am thinking about introducing new media and elements into my work, such as sheet metal (as a remnant of the slums in refugee camps), emergency blankets, transparent gel, etc. Integrating different materials, interactive technologies, or new forms of expression would enable me to push the narrative and sensory possibilities of my works even further, while remaining faithful to the essence of my themes. This approach is guided by a constant desire for renewal and discovery that is specific to my training as a plastic artist and not as a painter.
Each project, whether it is an exhibition, an installation, or a collaboration, represents a stage in a broader journey, where I seek to forge links between personal stories and universal narratives. My aim is to explore what unites us as human beings through shared experiences of memory, resilience, new horizons, and spirituality.

Do you think the new generation of Vietnamese artists will achieve the same level of renown as their predecessors?
I believe that contemporary Vietnamese art has a lot to offer, both at home and abroad. The new generation explores themes that are deeply rooted in our culture while adopting a global vision. Their success will depend on their ability to balance tradition and modernity, while finding their own voice. And the world, now more than ever, is ready to listen to them.
Look at the example of Suboi, an artist I know personally and who is a major figure in hip-hop in Vietnam. With her unique style and atypical career, she has made her voice heard far beyond the borders of Vietnam. She embodies this ability to boldly tread a path between cultural heritage and global modernity, integrating deeply personal stories and social issues into her musical creations, becoming a spokesperson for an entire generation in search of expression and recognition.
In the visual arts, artists such as Danh Vo, who is known for his conceptual installations exploring identity and history, and Nguyen Phuong Linh, whose works combine organic materials and personal stories, demonstrate this same ambition.
This new generation of artists, whether musicians or visual artists, boldly and pertinently reinterprets traditions. They are redefining what it means to be a Vietnamese artist today, while promoting our culture on the international stage. I hope, in my own humble way, to contribute to this movement. As an artist of the post-war generation, I am looking to strike a balance between modernity and tradition, a path that allows us to engage with the world while remaining rooted in our cultural identity.
I believe this approach is essential for today's Vietnamese, who aspire to cultural globalization but who, due to setbacks caused by the wars, have often not benefited from adequate contemporary art education. Contemporary art, with all its diversity and richness, can be a bridge—and not, as many might perceive, a break—between modernity and our cultural heritage. It is through this dialogue that we, as artists, can inspire future generations to appropriate and reinterpret contemporary art and build a very creative and bold artistic future.

Why did you share a photo with your mother instead of promoting your exhibition at the Perrotin Gallery?
My mother is my anchor.
In Vietnamese society, in general, the family is a central pillar, and it is often the mothers who are the cornerstones. They are the first to get up and the last to go to bed, watching over every detail, often in the shadows, but always with unshakeable strength. They pass on fundamental values, support their loved ones, and embody this silent but indispensable resilience.
This photo symbolised my gratitude to the woman who carried me, literally and metaphorically, through the trials and tribulations—during our sea crossing and during the early days of my career. She is my inspiration for courage, and my success only has meaning because it is part of a family story.
During our stay in New York, where this photo was taken, I remember her saying to me several times: 'I never thought that I would one day see New York.' Born in the Mekong Delta, the child of peasants, she had to leave primary school. That day, in the gallery, I felt her pride in her son, and I was proud of her. The two of us, children of the rice paddies and witnesses to our own story, posed together in front of the painting *The Crossing*, a work that tells the story of our journey—from darkness to light, from the rice paddies of the Mekong to one of the most renowned galleries in New York.

Captions

Cover
Bao Vuong
Behind the Waves

Page 4
Bao Vuong
The Crossing LVX
2022
Oil and acrylic paint on canvas
160 × 120 cm

Page 12
Bao Vuong
Behind the Waves
2025
Installation, oil and acrylic paint,
wax and aluminium powder on canvas, panel
260 × 200 × 100 cm

Page 14
Bao in his studio in Vitry sur Seine
2023
Preparing the solo exhibition *Coming Through*

Page 15
Kenzō Tange, Asian Art Museum, inaugurated in 1998

Page 16
Behind the waves
Rotunda of the Asian Art Museum, Nice
2025

Works in the exhibition

Page 18
Bao Vuong
The Crossing, Derrière les vagues I
2025
Oil and acrylic paint, incense stick ash,
and graphite powder on canvas
200 × 200 cm

Page 19
Bao Vuong
The Crossing, Derrière les vagues II
2025
Oil and acrylic paint on canvas
200 × 200 cm

Page 21
Bao Vuong
The Crossing CCXXX, The Night of Departure IV
2024
Oil and acrylic paint, graphite powder on canvas
130 × 195 cm

Page 23
Bao Vuong
The Crossing – The Cliffs I
2025
Oil paint on canvas
114 × 162 cm

Page 24
Bao Vuong
The Crossing CCXIV
2023
Oil paint on canvas
130 × 195 cm

Page 26
Bao Vuong
The Crossing CCLXXXVI
2024
Oil paint on sheet metal and panel
151 × 100 cm

Page 29
Bao Vuong
The Crossing CCLXI
2025
Oil and acrylic paint, aluminium powder, and wax on canvas
168 × 190 cm

Page 30
Bao Vuong
The Crossing CCXLI
2024
Oil and acrylic paint on panel
194 × 230 cm

Page 33
Bao Vuong
The Crossing CCXX
2023
Oil and acrylic paint, and gold leaf on panel
122 × 250 cm

Page 34
Bao Vuong
The Crossing CCLXXXVII
2024
Oil and acrylic paint, aluminium powder, and wax on canvas
150 × 160 cm

Page 37
Bao Vuong
The Crossing Hang Ma III
2025
Oil paint, prayer sheets, and resin on panel
153 × 140 cm

Pages 39–40
Fred Ihrt, *Vietnamese Boat People*, 1978

Page 42
Bao Vuong's ancestor altar
Việt Nam, 2022

Page 43
Bao Vuong
The Crossing CLXIV
2022
Oil and acrylic paint, incense stick ash, and graphite powder on canvas
162 × 97 cm

Page 44
Bao Vuong
6 items at Essex
2022
Glass jars, water, print on rhodoid, keepsakes

Page 47
Bao Vuong
The Crossing CCXC
2024
Oil and acrylic paint, aluminium powder, and wax on canvas
190 × 220 cm

Page 51
Bao Vuong
The Crossing CCLXXII, Hang Ma
2024
Oil paint, prayer sheets, resin on panel
171 × 146 cm

Page 53
Bao Vuong
Import-Export 3
2016
Rice cakes
230 × 120 cm

Page 55
Bao Vuong and *The Crossing* at the Quynh Gallery, Ho Chi Minh City, 2017

Page 61
Bao Vuong
The Crossing, Pulau Bidong I
2020
Oil and acrylic paint on canvas
97 × 146 cm

Page 63
Bao Vuong
The Crossing XLIV
2021
Oil and acrylic paint, gold leaf on canvas
140 × 140 cm

Page 64
Bao Vuong
The Crossing CXCV
2022
Oil and acrylic paint, incense stick ash, and graphite powder on canvas
146 × 97 cm

Page 67
Bao Vuong
The Crossing CCV
2023
Oil and acrylic paint, and gold leaf on canvas
211.5 × 195 cm

Page 69
Bao Vuong
The Crossing CCLXXXI
2024
Oil and acrylic paint on canvas
146 × 114 cm

Silvana Editoriale

Directeur général / Chief Executive
Michele Pizzi

Directeur éditorial / Editorial Director
Sergio Di Stefano

Directeur artistique / Art Director
Giacomo Merli

Coordination d'édition / Editorial Coordinator
Jacopo Ranzani

Design graphique / Graphic Design
Annamaria Ardizzi

Rédaction / Copy Editing
Laura G. Maggioni

Traduction / Translation
Sara Noss for *Scriptum*, Rome

Mise en page / Layout
Serena Parini

Organisation / Production Coordinator
Antonio Micelli

Secrétaire de rédaction / Editorial Assistant
Giulia Mercanti

Iconographie / Photo Editor
Silvia Sala

Bureau de presse / Press Office
Alessandra Olivari, press@silvanaeditoriale.it

ISBN 9788836661268

Dépôt légal
Mai 2025

Couverture
© Bao Vuong / Adagp, Paris, 2025

Crédits photographiques
© Bao Vuong / Adagp, Paris, 2025 : p. 4, 18, 19, 21, 22, 25, 27, 29, 30, 33, 34, 37, 43, 44, 47, 51, 53, 61, 63, 64, 67, 69
© Bao Vuong : p. 10, 42
© Marian Eeekhout : p. 11, 13, 14, 16
© Adrien Bossard / Musée départemental des arts asiatiques, Nice : p. 15
© Photo by Fred Ihrt / LightRocket via Getty Images : p. 39, 40
© Mathieu Dufour : p. 55

Silvana Editoriale S.p.A.
via dei Lavoratori, 78
20092 Cinisello Balsamo, Milano
tel. 02 453 951 01
www.silvanaeditoriale.it

Les reproductions, l'impression et la reliure
ont été réalisées en Italie
Achevé d'imprimer en mai 2025

Reproductions, printing and binding in Italy
Printed in May 2025

MISTO
Carta | A sostegno della gestione forestale responsabile
FSC® C116320
FSC www.fsc.org